地域産業の
イノベーション
システム

集積と連携が生む
都市の経済

〈編著〉山﨑　朗
〈著〉戸田順一郎
　　　北嶋　守
　　　岡野秀之
　　　山本匡毅
　　　加藤恵正
　　　谷川　徹
　　　石橋　毅
　　　根岸裕孝
　　　辻田昌弘

学芸出版社

はじめに

　いつの時代においても、物理学、化学、生物学、経済学や国土計画・都市計画に限らず、どの学問分野・計画においても、部分（ミクロ）と全体（マクロ）の関係性は重要なテーマとなる。地域（リージョン）は、同一の言語（日本においては）・貨幣・教育・法制度で保護・規制・管理された国（ナショナル）の一部である。

　地域問題は、地域の視点（虫の目）からだけでなく、国の視点（鳥の目）の両方から検討する必要がある。部分の問題は、部分の視点からだけでは解決できない。インバウンドで地域を創生しようとしても、CIQ、ビザ（査証）、空港の運用時間、空港整備、国際便の増便、ロシアと中国の航空機の離着陸規制、空港へのアクセス、出国税、民泊などは、国の許認可事項・政策課題である。

　本書の特色の1つは、地域におけるイノベーションとクリエーションの課題を、ナショナルな視点にからめつつ検討した点にある。

　新しい付加価値創出の基礎は、イノベーションとクリエーションにある。「変化への対応と変化の創造」と言い換えてもよい。日本の1人当たりGDP（PPP換算）は、2017年にIMF（国際通貨基金）の推計で世界30位にまで下落した。新しい付加価値創出は、地方の課題であると同時に東京の、そして日本の課題でもある。

　地域は今、前方と後方の両面での対応が求められている。後方戦略は、人口減少、少子化、高齢化にともなう地域システムのリ・デザインである。人口減少時代においても地域内で多様なサービス業を維持するには、高度・傾斜度が高く、拠点都市から遠く、積雪量が多く、人口が極端に低密度な地域から撤退し、都市や街の中心に機能を集中させ、人口密度を高めるための都市や地域のコンパクト化、そのための公共施設の集約化や用途転換は避けられない。

　しかし、後方戦略だけでは、無居住地区や低密度居住地区は拡大し続け、いずれは地域そのものが消滅する。子供を欲しい人たちが子供を産み、その子供たちに多様かつ高度な教育を受けさせ、次世代の人材として育て、国内外から優秀な人材を誘致するには、クリエイティブかつ高い所得を実現するための前

方戦略が不可欠である。

　前方戦略とは、農業・林業・水産業、伝統産業および新しい地域産業による付加価値の創出である。高い付加価値の実現には、新しい技術の導入や開発、伝統技術への回帰、国際展示会や国際品評会への参加・出品、海外市場の開拓、外国人観光客や外国人労働力の誘致、デザイナーやクリエイターとの連携による地場産品のブランド化やプレミアム化、異質な市場の発見を必要とする。

　これまで多くの地方は、公共事業、農業保護、工場誘致、地方交付税といったナショナルシステムによって支えられてきた。それらの効果もあり、日本における1人当たり県民所得の地域間格差は、1960年代以降劇的に縮小し、日本は世界的にみても地域間格差の小さな国となった。

　しかし、費用対効果の低い公共事業を実施できる時代は終了した。日本国内におけるダム、高速道路、新幹線、空港・港湾の整備はほぼ概成した。農業保護もTPPなどの自由貿易協定の締結によって、その効果は徐々に低下していく。国の財政状況からみて、地方交付税を増加させていくことは難しくなる。

　1960年代以降、1人当たり県民所得のジニ係数や変動係数は劇的に低下した。にもかかわらず、地方にはなぜ閉塞感が渦巻いているのであろうか。なぜ有効求人倍率が2.0を超える県からも人口は流出し続けているのであろうか。それは、チャンス、夢、自己実現、自己決定、働き方、クリエイティブ、感動、共感といった数字化しにくい地域間格差が温存されたままだからである。

　短期間で成果のみえる地産地消、B級グルメ、ゆるキャラ、イベント、6次産業化、ふるさと納税、プレミアム商品券、インバウンド、地域おこし協力隊、大学都心立地規制とは異なり、地域の持続的発展のために重要かつ困難で、時間を要するテーマは、地域におけるイノベーションとクリエーションである。しかし、地方には大企業のマザー工場、技術力の高い地場企業、世界大学ランキングに入る地方大学、美しい自然や景観が存在しており、決して不可能な挑戦ではない。

　この重要なテーマをどのようにして1冊の著書にまとめ、どこの出版社から世に問うべきなのか、5年近く考えてきた。理論的なイノベーション研究や特

定の企業や製品のイノベーション分析ではなく、地方の人たちのマインドセットを可能とするような論理とケースを含んだ著書を出版したいと考えてきた。

古い建物のリノベーション、コンバージョンや新しい公共空間の創出は、クリエイティブな活動である。生活者、クリエイターにとって魅力的な空間への再編は、クリエイティブなビジネスを創出するための「装置」、あるいは「舞台」として機能する。地域イノベーションは、土地、建物、街、という建築、土木、都市計画の課題に行き着く。本書のもう1つの特色は、「新結合」を求めて、建築、土木、都市計画、街づくりの分野に強い学芸出版社から出版した点にある。

イノベーションやクリエーションは、もはや大学、中央研究所、大企業、博士、大学教授、芸術家、クリエイターやデザイナーの独占物ではない。自分自身がイノベーターやクリエイターである必要もない。人材、知識、技術、情報、アイデアは、世界各地からネットやクラウドを活用して入手できる。

クリステンセンは、「天才でなくとも革新的アイデアは得られる」と述べている。ただし、『イノベーションのDNA』(翔泳社)のなかで、日本を名指しして、「個人よりも社会を、実力よりも年功を重視する国で育った人が、柔軟な発想で現状を打破してイノベーションを生み出す」ことは少ないとも指摘している。地方におけるイノベーションとクリエーションの阻害要因は、地理的・制度的障壁ではない。同質性、同調圧力、変化への恐れ、失敗の忌避にある。

本書で紹介しているように、新しい試みに楽しみつつチャレンジする動きは、全国各地で始まっている。そのための制度や環境条件もようやく整ってきた。編者が長年興味を抱いてきたケースについて、執筆陣に無理をお願いして短期間で執筆していただくことができた。執筆をご快諾いただいた執筆陣のみなさんにお礼を申し上げたい。最後に、学芸出版社の得意分野とは言えない、本書の出版をご快諾いただいた編集者の井口夏実氏にも心から感謝の意を表したい。

なお、編者の執筆した1章と3章は、「化学系企業における医療機器、医薬品事業部門の立地についての研究（科学研究費：16K03204）」を使用している。

執筆陣を代表して

山﨑 朗

目次

はじめに 2

1章 地域経済創生の課題と戦略　山﨑朗 ……9

1 変化への対応と変化の創造　9
付加価値を生み出せない日本の研究開発投資／均質化・同質化から個性・多様性へ／働き方改革の本質／衰退の取引／東京はクリエイティブシティなのか

2 日米イノベーション政策の分岐点　16
バイ・ドール法の成立／テクノポリスの誕生／世界のイノベーションランキングと国内大学のランキング

3 技術立国と地域イノベーション　21
技術立国のパラドックス／日本とアメリカは違う

4 付加価値創出に向けての戦略　24
新しいイノベーションの地理

2章 イノベーションシステム論
―― 国と地域、連携のシステム　戸田順一郎 ……29

1 イノベーションシステム論の検討　29
シュンペーター仮説からの脱却／イノベーションシステム論の登場と発展

2 国際特許からみる技術的競争力とイノベーションシステム　33
技術的競争力分野の国際比較

3 医薬品産業とイノベーションシステム　37
日本の医薬品産業の競争力／日本の医薬品産業のイノベーションシステムの特徴／イノベーションシステムの課題①：オープンイノベーションの必要性／イノベーションシステムの課題②：RISの構築と連携の必要性

3章 産業クラスター論
―― 融合する技術　山﨑朗 ……46

1 横串型産業の時代　46
産業構造の高度化／製造装置の開発

2 システム思考の隆盛　48
部分最適と全体最適／6次産業化と産業クラスター論／農業と食品・医薬品産業の新結合

3 開発における技術統合の必要性　53
複合化する技術／他の産業との連携

4 新結合　57
新結合を促進する新しい産業組織とSNS／リストラクチャリングとポジショニング／化学系企業の産業・技術越境

5 想定外の組み合わせをつくる　62

4章 産業クラスターの形成における地方メッセの役割　北嶋守 ……66

1 「地方メッセ」のテンポラリークラスター機能　66
2 3つの「地方メッセ」の概要　67
　メディカルクリエーションふくしま／諏訪圏工業メッセ／アジアメディカルショー
3 3つの「地方メッセ」の出展者・来場者の評価や目的　69
　「メディカルクリエーションふくしま」の効果／「諏訪圏工業メッセ」のビジネス面以外の効果／「アジアメディカルショー」来場者の目的／同時開催される講演会・セミナー
4 知識創造からみた「地方メッセ」の可能性　72
　知識創造のフォーカスと時間的範囲／バズとグローバルパイプライン／「地方メッセ」の強み
5 "地元力"による知識創造と知識ストック　77

5章 九州におけるクラウド時代のスマートシリコンクラスター　岡野秀之 ……80

1 成長する九州の半導体産業　80
　新しい成長ステージに入った半導体産業／シリコンクラスターの誕生と発展／基盤産業としての半導体産業
2 エコシステムの構造変化　85
　系列型垂直分業の時代／関連産業への展開と自立化の時代／特定半導体拠点化とグローバル結合の時代
3 クラスター政策の成果と課題　90
　九州シリコンクラスター計画／クラスター政策によるインパクト／クラスター政策の課題～求められる政策の連結と継続性～
4 ポストクラスター政策の新たな動き　95
　ポストクラスター政策のキーワード／SDGsを目指した事業形成と産業融合／デザインハウスの集積と三次元半導体の開発／有機EL材料革命とイノベーション／ミニマルファブというイノベーション
5 九州の半導体産業の可能性と今後の展望　102

6章 航空宇宙産業の地域戦略　山本匡毅 ……105

1 航空宇宙産業における日本のポジション　105
　日本の航空機産業の危機／航空機部品産業の隘路と突破口／宇宙産業の新次元
2 民間航空機産業　111
　民間航空機産業の産業組織／「航空機クラスター」の形成
3 変化への対応が迫られる日本の宇宙産業　115
　変革期の日本の宇宙産業／ロケット発射場による地域創生

4 日本の航空宇宙産業の未来　　120

7章 進化する神戸医療産業都市
　——医療産業クラスター飛躍の条件　　加藤恵正 …………………………124

1 第2フェイズに入った神戸医療産業都市　124
　ベンチャー支援のためのインキュベーション機能／神戸医療産業都市構想
2 震災復興と神戸医療産業都市構想　126
　神戸医療産業都市の変遷／神戸医療産業都市の効果
3 第2フェイズに向かう神戸医療産業都市　129
　クラスター進化の構図：都市イノベーション・システム構築に向けて／クラスターの新陳代謝を支えるインキュベータ施設群／クラスターの発展と立地政策／第2フェイズに向けたクラスター政策
4 神戸医療産業都市の深化に向けて　139

8章 クリエイティブ地方都市福岡の
　モデル確立に向けて　　谷川徹 …………………………………142

1 クリエイティブ都市への挑戦　142
　地方中枢都市からクリエイティブ都市へ／燃える街、福岡
2 福岡市のクリエイティブ都市ポテンシャル　146
　福岡市の利点、地政学的メリット／スタートアップ都市実現に向けた福岡市のリーダーシップ／福岡市のリーダーシップ、創業支援策の評価
3 クリエイティブ都市福岡としての特色・強み　152
　アート、エンターテイメントの系譜／クリエイティビティの源泉としての大学／高い生活の質、暮らしやすさ
4 福岡市の課題　156
　人材面の課題／大学との連携・活用／全方位海外戦略の是非
5 福岡市はクリエイティブ地方都市のモデルになり得るか　159
　イノベーション地方都市に向けて／多様でオープンな地域文化づくり

9章 福島の医療機器クラスター
　——造る拠点から使う・学ぶ拠点へ　　石橋毅 ………………………161

1 国内初の医療機器クラスター　161
　ふくしま次世代医療産業集積プロジェクトの発足／異業種企業の医療機器への参入支援／薬事許認可支援〜薬事承認はゴールではなくスタートだ〜
2 福島医療機器クラスターの新成長戦略　166
　産業特性の理解と適切なアプローチ／部材供給・OEM生産から自社ブランド品の製造販売へ／医療機器産業のハブ拠点

- 3 東日本大震災・原発事故後、クラスターはどうなったか　169
  医療機器企業を呼び込む〜フクシマの求心力〜／グローバルニッチトップへの挑戦
- 4 グローバルイノベーション拠点への飛躍に向けて　175
  福島への求心力〜新たな開発拠点誕生へ〜／福島医療機器クラスターの行方／国内ニッチトップクラスター形成への挑戦／「造る拠点」から「使う・学ぶ拠点」へ

10章 東九州メディカルバレー構想
―― 「医療機器」を核とした地域間連携クラスター政策

根岸裕孝　……180

- 1 東九州メディカルバレー構想の誕生　180
  東九州に集積する医療機器産業
- 2 血液・血管関連医療産業と地元の大学　182
  血液・血管関連医療産業の集積／関係大学
- 3 東九州メディカルバレー構想の戦略と推進体制　185
  アジアに貢献する4つの拠点形成／東九州メディカルバレー構想の推進体制／東九州メディカルバレー構想における事業の特徴／地域企業による医療機器生産への参入支援
- 4 東九州メディカルバレー構想の評価と課題　192
  大分県・宮崎県による自己評価／旧計画から新計画への移行
- 5 評価の2つの側面〜産業政策的側面と地域政策的側面〜　196
- 6 東九州メディカルバレーの未来　198

11章 イノベーション・エコシステムとしての都市

辻田昌弘　……201

- 1 オープンイノベーションへのシフト　201
  苦戦する日本のオープンイノベーション／オープンイノベーションの定義／日本企業の強みが弱みへ／強い同質性
- 2 オープンイノベーションの孵卵器としての都市　204
  イノベーションと都市／「新結合」の発生確率／多様性がもたらす「集積の外部効果」／3つのT／負のロックイン効果
- 3 オープンイノベーション・エコシステムの形成　209
  周縁部で先行するスタートアップ企業の集積／大手企業のオープンイノベーションへの取り組み
- 4 プラットフォーマーとしての不動産デベロッパー　216
  不動産デベロッパーが先導するエコシステム形成／鍵は「多様性」にあり

索引　220　　おわりに　222

1章 地域経済創生の課題と戦略

山﨑朗

1 変化への対応と変化の創造

付加価値を生み出せない日本の研究開発投資

◆革新と創造

　地域経済創生の鍵は、付加価値力の向上にある。付加価値力の向上は、製造業やICT産業に限定されない。オランダ、デンマーク、ベルギー、ノルウェーを例にあげるまでもなく、第1次産業である農業、林業、水産業でも可能である。第1次産業においても、ドローン、GPS、センサー、レーザー、AI、バイオ技術などの活用・導入が始まっている。

　付加価値力向上の基礎は、イノベーション（革新）とクリエーション（創造）にある。つまり、「変化への対応と変化の創造」である。イノベーションとクリエーションは、先端的な科学技術研究やその応用はもちろんのこと、デザイン、設計、ブランド戦略、物語性、遊び心、リノベーション、自然農法や伝統技術への回帰、新しいビジネスモデルの構築など、付加価値を生み出す、あるいは高めるための多様な革新的試みを含んでいる。

◆研究立国日本

　2000年に先進国が加盟しているOECD（経済協力開発機構）35カ国中2位であった日本の1人当たりGDP（国内総生産）は、2016年に18位まで下落した。IMF（国際通貨基金）によると、シンガポールや香港も含むと、PPP（購買力平価）換算した日本の1人当たりGDPは、2018年に世界30位である。

　日本の研究開発費の伸び率は低いものの、研究開発費総額（2016年）、GDPに占める研究開発費比率（2016年）、特許出願件数（2017年）、労働力人口比当たりの研究者数（2014年）は、いずれもOECD加盟国中2位である。

　著作権やソフトウェアでは赤字が続いており、海外の子会社からの特許使用料収入などが多いとはいえ、工業所有権の黒字化により、2003年に日本の国際収支ベースでの技術貿易収支は黒字化した。その後も技術貿易収支の黒字は拡大傾向にある。現在、日本の技術貿易収支の黒字額は、アメリカに次いで世界2位である。

◆クローズド・垂直統合・擦り合わせ型

　かつてはテレビ、VTR、DRAM（半導体）のように、高い世界シェアが確保できれば、財閥や企業系列ごとに製造装置や部品メーカーの囲い込みができた。技能の高い職人のいる零細企業群の存在（二重構造）もあり、日本では、頻繁なモデルチェンジや需要変動に対応したフレキシブル生産も容易であった。しかし、この特殊な競争優位性ゆえに、日本企業は、欧米企業よりも海外進出が遅れた。

　テレビなど日本の最終消費財の世界シェアの低下によって、この垂直統合システムは弱体化した。製造装置や部品、素材メーカーは自立化し、アジア企業も日本製の装置、部品・素材を購入できるようになり、製品の品質も向上した。

　擦り合わせ型（インテグレーション）を得意としてきた日本企業にとって、家電、パソコン、スマートフォンなどにおけるモジュール化、デジタル化の急速な進展も、日本の総合電機メーカーの国際競争力を削ぐ要因として作用した。

　データセンターの外部化に躊躇した日本企業は、クラウドビジネスへの参入、クラウドの活用において、アメリカ企業の後塵を拝した。成功した先行者を後

から追いかける日本型ビジネスモデルは、この分野では通用しない。アマゾンの営業利益の多くは、ネット通販（EC事業）からではなく、データセンターへの巨額の設備投資によって価格競争力を実現した子会社アマゾンウェブサービス（AWS）のクラウドビジネスから生み出されている。

均質化・同質化から個性・多様性へ

◆イノベーション＝技術革新だけではない

　地域独自の付加価値創出は、科学技術によってもたらされるとは限らない。イノベーションを「技術革新」と訳したのは誤訳である。池田信夫の言うように、「日本メーカーのように特許はたくさん持っているが収益の上がらない企業も多い。凡庸な技術が優秀なビジネスモデルによって成功するケースはあるが、その逆はない」。[*1] 近年、ビジネスモデル特許の申請件数が増えている。

　実は日本政府も、2007年6月に閣議決定された「イノベーション25」において、イノベーションを、「技術革新にとどまらず」、「新たな価値を生み出し、社会的に大きな変化を生み出すこと」と再定義している。

◆自然価値テロワールが付加価値を生む

　新たな価値を生み出し、社会的に大きな変化を生み出すのは、最先端の科学技術だけとは限らない。ワインや日本酒などにおけるテロワール（地域の風土や地質）や、江戸時代の技法や製法の現代的再生も新たな価値を生み出す。

　科学技術や工学が志向してきた均質化・同質化に対するアンチテーゼは、自然志向、個性化・多様性である。それらは消費成熟化、自然志向の時代において、新たな価値を生み出す源泉となる。高値で取引されているフランスのワイン、ロマネコンティの価値の源泉は、約2haの土地の自然的価値（テロワール）にある。ワインの価値は、ブドウの栽培地や年によって異なり、不均一である。

◆伝統への回帰、伝統の固持というイノベーション

　秋田県の新政酒造は、秋田県内で栽培された米を原料として、天然の乳酸菌を活用する伝統製法である「生酛（きもと）」を採用し、酵母は、1930年に蔵で採取された「きょうかい6号」のみを使用している。コンテンツである日本酒の品質の

高さやオリジナリティはもちろんのこと、秋田県産米のみ使用、無農薬栽培、完全無添加、伝統技法という企業ポリシーには、物語性があり、共感を生む。

　茨城県土浦市の柴沼醤油醸造は、200年から250年前の木桶80樽を使用している。2017年7月に柴沼醤油インターナショナルを設立して、世界40カ国に輸出するまでになった。創業330年の歴史と伝統技術には物語性があり、プレミアムな価値の創造につながっている。[*2] 木桶文化のように失ってはいけない伝統がある。新しい技術の導入や海外市場への進出という変化に対応して、進化しなければならない伝統もある。

◆マリアージュ

　テロワールを重視した地域固有のワインや日本酒には、地域の食材を活用した創作あるいは伝統料理の組み合わせ（マリアージュ）がふさわしい。マリアージュは、地域に古くから存在している食材や料理と酒の「新結合」である。新鮮かつ無農薬の（価格と価値の高い）食材を使用したプレミアムな料理の創作も、地域に新たな価値を生み出すクリエイティブな活動だ。美しい風景・景観、歴史的遺産やリノベーションされた古民家で料理が提供されれば、価値はさらに高まる。付加価値を高める方策はイノベーションだけではない。

◆クリエイティブな舞台づくり

　富裕層、外国人観光客やスタートアップ企業、芸術家などのニーズに合致させるための施設のリノベーション、コンバージョン（用途転換）、街並みの整備、都市再生は、地域の不動産価値を高め、クリエイティブな人材を地域に吸引し、クリエイティブな活動を促進する「舞台」づくりである。建築家、デザイナー、調理師、パティシエは、科学技術的イノベーションの創出とは直接的関係は薄いが、付加価値を高めるクリエイターである。

　国土交通省は、市街地再生策として、一定の地域内で老朽化した複数の建築物を一括して改修する制度を2019年度から導入する検討を始めた。改修した建築物は、芸術家、クリエイターやスタートアップ企業向けのシェアオフィスやカフェなどに利用できるようにして、街の伝統を生かしつつ、新しい街の個性や賑わいを意識した「街のリノベーション」を行う予定である。

働き方改革の本質

◆クリエイティビティの源泉は個人の自己決定力

　働き方改革の本質は、労働時間の削減にあるというよりも、わくわく、どきどきする、面白く楽しいクリエイティブな職業やビジネス（顧客・ファンや世界的な品評会において外部評価される）を生み出せるかどうかにかかっている。

　国連の2018年世界幸福度調査では、日本は世界54位であった。西村和雄らの調査によると、幸福度には健康、人間関係に次いで「自己決定」が関係しており、世帯年収や学歴よりも重要度が高いという結果が得られている。[*3] ギャラップ社の従業員のエンゲージメント（仕事の熱意度）調査[*4]によると、「熱意あふれる社員の割合」は、日本では6％にすぎず、調査対象139カ国中132位であった。

　日本の大学の論文数の伸び率の低下や引用回数トップ10％論文の世界ランキングの下落が問題となっている。[*5] 大学の研究支援体制にも課題があることは事実であるが、あとから論じるように、日本は、ナショナルイノベーションシステム（NIS）を支えている下部構造、つまりは研究機関である大学の置かれている環境に問題を抱えている。大学進学率の低さと進学率の地域間格差、教育費に対する公的支援の少なさである。文部科学省によって繰り返されてきた大学改革は、大学や大学教員の「自己決定」力を失わせ、「研究の熱意度」の低下をもたらすというパラドックスに陥っている。

◆地方にもジョブはある

　かつての地域政策は、失業率の高い地域（産炭地域や農山村など）に対する支援策（公共事業の優先配分や工場立地の誘導）にあった。いまや、有効求人倍率（就業地別）が1.0を下回る都道府県は存在しない。それどころか、山形県、新潟県、富山県、石川県、岐阜県、福井県、島根県、広島県、岡山県、香川県など、日本海、瀬戸内海、東海地方の県を中心として全国平均の1.62を上回っている府県は、東京都を除いても19ある（2018年6月）。[*6] 有効求人倍率が2.0を超える福井県、岐阜県、富山県からも人口は流出し続けている。逆に、

有効求人倍率がもっとも低い沖縄県の人口社会減はきわめて少ない。

◆ **OECD34 カ国中 34 位**

　東京都の大学進学率は全国一高く、72.8％（2017 年）であった。それに対して、大分県 36.9％、沖縄県 37.1％、鹿児島県 37.7％、宮崎県と岩手県 37.8％、青森県 38.1％であり、東北や九州・沖縄の県の大学進学率は全国平均を下回っている。大学進学率は、地域間格差の大きな指標の１つであり、１人当たり県民所得格差と相関関係がある。

　OECD の「図表でみる教育 2018 年版」（Education at a Glance 2018）によると、日本の GDP に占める教育機関への公的支援比率は 2.9％で、比較対象可能な OECD34 カ国中 34 位であった（2015 年）。１人当たり GDP の高いノルウェー、フィンランド、ベルギーなどでは、5％を超えている。

　イノベーション力の涵養という長期的観点からいえば、大学改革や研究費の重点配分などの上部構造改革よりも、小学校から大学教育という下部構造の改革や充実の方が重要である。日本財団は、高校進学率と高校中退率を全国平均にまで高められれば、沖縄県で 1.29％、高知県で 0.97％、北海道で 0.83％県内総生産を増加させられると推計している。[7]

　R・フロリダのいうクリエイティブ・クラス[8]が生まれ、育ち、集い、学びそして新しい価値を創造できる地域へと生まれ変わらない限り、クリエイティブシティとして礼賛本の出版が相次ぐ福岡市といえども、東京都への人口流出は止められない（8 章を参照）。

衰退の取引

◆ **増幅される衰退の取引**

　東京都の人口社会増 0 という政府の KPI（重要業績評価指標）は、自由な発想を生かすクリエイティブな社会への移行期において、ふさわしい KPI ではない。この KPI 実現のために、東京都の税収をさらに地方に再配分するという政策や、東京 23 区内での大学や学部の新増設を 10 年間禁止するという「工場等制限法」的手法は、地域創生に資する政策ではない。規制と再配分という古典

的・中央集権的な地方活性化からそろそろ卒業し、クリエイティブ社会への移行を目指すべきである。そのために必要なのは、政府による「規制」「再配分」ではなく、クリエイティビティを促進するための「自由」「自己決定」「舞台装置」である。日本政府の地方創生政策は、ジェイン・ジェイコブスが警鐘をならしてきた首都を肥大化させる「衰退の取引」[*9]にほかならない。

東京はクリエイティブシティなのか

　首都圏（1都3県）には東京大学などの国立大学に加え、世界ランキング上位の私立大学も集中している。世界大学ランキング（日本版2018年）の上位20位までの大学のうち11大学が首都圏に集中している。

　かつて今井賢一は、「テクノポリスの原点である技術・情報集積の形成という観点からみた場合、日本でアメリカのシリコンバレーに対応するような最も情報・技術集積が進んでいるところはどこであろうか。それは、ほかならぬ東京である。シリコンバレーと比較すべきものは、『テクノポリス東京』なのである」[*10]と述べていた。

　だが、東京都、首都圏は、世界最大の人口集積地、消費地、大企業や学術研究機関の集積を活用して、シリコンバレーに匹敵するようなイノベーション、スタートアップ企業、企業価値10億円以上のユニコーン企業を生み出してきたのであろうか。答えは否である。東京都や首都圏もまた、イノベーション、クリエーションを創出する空間として、その本来持っているポテンシャルを開花させなければならない（詳しくは11章を参照）。

　そのためには、世界銀行のDoing Business 2018[*11]の「起業のしやすさ」の指標において、世界190カ国中103位と評価された日本の事業環境の改善が不可欠だ。日本政府は、2020年までにDoing Businessの総合指標の順位をOECD35カ国中3位にするというKPIを掲げている。にもかかわらず、日本の総合順位は、2013年の15位から2018年の24位へと下落した。

2　日米イノベーション政策の分岐点

バイ・ドール法の成立

　1980年、日本とアメリカでイノベーション政策の方向性を分岐させた2つの異なる政策と構想が産声を上げた。1980年にアメリカで成立したのは、民主党のバーチ・バイ議員と共和党のロバート・ドール議員を中心とした超党派の議員によるバイ・ドール法（大学および中小企業特許手続法）である。バイ・ドール法のポイントは、①連邦政府の資金で得られた研究成果の知的財産権は、大学や企業などの研究実施機関に帰属する、②知的財産を取得した機関は、他の機関に知的財産をライセンス可能、③ただし、連邦政府はそれらの知的財産を無償で利用できる権利を有する、の3点にある。今から考えればきわめて皮肉ではあるが、バイ・ドール法は、学術研究の産業化促進策であると同時に、当時国際競争力を高めていた日本企業への対抗策としての性格を有していた。

　洪美江によると、大学や政府系研究機関には省庁や民間企業などから複数の研究費が投入されているため、統計上バイ・ドール法の成果だけを抽出することは難しいとしながらも、バイ・ドール法の政策効果として次の2点を指摘している。[*12]

　①バイ・ドール法が成立した1980年を境として、大学の技術移転活動や産学連携活動は活発化した、②大学の研究費のなかで連邦資金の占める比率は60％から70％と高い比率を維持している。大学の研究費の約2/3が連邦政府からの供与であることを考えると、バイ・ドール法は、学術研究の商業化や大学と企業との産学連携の促進に貢献したと考えられる。

テクノポリスの誕生

　1980年は産業研究所の報告書『テクノポリス'90建設構想について』のなかで、テクノポリス構想が初めて提示された年でもあった。日本企業との競争に

対する危機感から成立したのがバイ・ドール法であるとすれば、アメリカのシリコンバレーに対する憧憬から構想されたのがテクノポリス構想である。テクノポリスは、テクノ（科学技術）とポリス（都市）を組み合わせた造語である。

産業研究所による報告書には、シリコンバレーをモデルとして「国家的なシンボル事業として、全国に1か所のテクノポリスの計画を提案する」[*13]と記載された。テクノポリス構想は、世界的にも先駆的な科学技術政策と地域政策の融合であった。

◆矮小化された科学技術都市

翌1981年に公表された産業研究所の報告書『テクノポリス'90建設の方向について』では、「テクノポリス構想は、田園都市国家構想や定住構想をその背景とし、工業の地方分散及び人口の地方定住促進による国土の均衡ある発展を目指すもの」[*14]と再定義されている。半導体工場の集積した東北のシリコンロード、九州のシリコンアイランドがテクノポリス計画のモデルになった。

しかし、半導体、コンピュータ産業振興に関する法制度は、1957年の「電子工業振興臨時措置法」、1966年の「電子計算機工業の国際競争力強化のための施策」、1971年の「特定電子工業および特定機械工業臨時措置法」で終了していた。研究開発プロジェクトである「超LSI開発プロジェクト（300億円）」は1979年に終了していた。1981年から開始された「科学技術用高速計算システムプロジェクト」や1982年から10年をかけた「第五世代コンピュータ」は、テクノポリス計画とは無関係であった。

アメリカ企業にキャッチアップする目的で繰り返された上記の共同開発プロジェクトは、経済的な成果をあまり生み出さなかったが、日本企業に「過当競争」の源泉となる同質的な研究開発能力をもたらした。[*15]

◆テクノポリスの指定条件

テクノポリスの指定地域の条件は、①人口15万人以上の都市がテクノポリス地域内または近傍に存在、②工科系大学の存在、③3大都市圏や地方中枢都市と高速交通網で結びついているまたは近くに空港が存在、④半径20kmの面積13万ha以下の地域、⑤すでに一定程度の先端型工業の集積が形成されてい

る、の5条件であった。国立大学の理工系学部のある県庁所在都市であれば、ほぼ満たすことのできる条件が設定された。その結果、全国で26の地域が指定を受けた。テクノポリス計画の指定エリアは狭く、製造装置メーカーなどの研究開発志向の高い地場企業は、指定地域外にも立地していた。

　ただし、岡崎哲二らのように、テクノポリス計画をイノベーション政策と位置づけ、イノベーション政策の失敗例として取り上げるのは、適切ではない。[*16] テクノポリス計画は、イノベーション政策ではなかったからである。

◆日本のイノベーションシステム改革の遅れ

　日本版のバイ・ドール法（産業活力再生特別措置法）が施行されたのは、1999年10月のことであった。アメリカに遅れること19年。頭脳立地法とともにテクノポリス法は、日本版バイ・ドール法成立の1年前の1998年に廃止されていた（一定期間は有効とされた）。また、1998年には国立大学の教員有志によって、東北テクノパーク、東京大学のCASTI、関西TLO（京都大学、関西大学など）の3つのTLO（Technology Licensing Organization：技術移転機関）が設立された。国立大学の教員がTLOの役員を兼務できるようになったのは、2000年である。革新的イノベーションを支援するために、JST（科学技術振興機構）によって全国18か所でのCOI（Center of Innovation）事業が開始されたのは、2013年である。ドラッグラグ（新薬審査の遅れ）を解消するための「条件付き早期認証制度」は2017年10月、患者の治療情報を匿名で集約し、研究機関に提供するための「次世代医療基盤法」は、2018年5月から施行された。

　科学技術基本法は1995年に制定されているが、上記のような科学技術立国を実現するための、そして地方における産官学連携の研究開発プログラムを促進するための国の各種制度は、テクノポリス計画終了後に整備された。地方での技術開発を促進し、ベンチャー企業を創出するためのナショナルイノベーションシステム（NIS）が整備されないまま、地方はテクノポリス計画を実施させられたのであった。

世界のイノベーションランキングと国内大学のランキング

◆イノベーション力1位は大阪大学

　イギリスの科学雑誌『ネイチャー』による「Nature Index 2017 Innovation Tables」によると、イノベーション力の高い研究機関の国内1位は大阪大学（31位）、2位理化学研究所（39位）、3位京都大学（53位）、4位九州大学（63位）、5位東京工業大学（76位）、6位慶応義塾大学（85位）、7位東京大学（95位）、8位北海道大学（116位）、9位名古屋大学（122位）、10位東北大学（139位）であった。世界1位はスプリクス研究所、2位はロックフェラー大学、3位はMIT（マサチューセッツ工科大学）、NIH（国立衛生研究所）は7位、スタンフォード大学は10位であった。アメリカの大学・機関が上位20位中18機関を占めた。

◆増加する大学発ベンチャー

　経済産業省の調査によると、大学発ベンチャー企業数は1990年度の55社から2017年度には2093社にまで増加した。国内1位は東京大学の245社で、2位は京都大学の140社、3位は筑波大学の98社、4位は大阪大学の93社、5位は九州大学の81社となっている。こちらも旧帝国大学が上位に位置しているが、デジタルハリウッド大学（10位）、グロービス経営大学院大学（21位）、浜松市にある光産業創成大学院大学（26位）などの小規模な大学や大学院大学が目につく。

◆裾野の広い日本の大学システム

　イギリスのTimes Higher Education（THE）の2019年世界大学ランキングの100位内に入った国内の大学は、東京大学（42位）と京都大学（65位）の2校だけだった。世界1位はオックスフォード大学、2位はケンブリッジ大学、3位はスタンフォード大学であった。東京大学は清華大学、シンガポール国立大学、北京大学、香港大学に次いでアジアでは5位である。そのことを考えると、アジアにおける日本の大学のイノベーションランキングは、決して低くはない。

　注目すべきは、THEの世界大学ランキングに、アメリカの172校に次いで、日本の大学103校がランキング入りしている点である。地方の大学も、世界的

に高い教育・研究水準にあるという点にこそ日本の大学システムの特徴がある。つまり、裾野の広い大学の存在こそが日本のイノベーションシステムの特徴なのである。「今後10年間で世界大学ランキングトップ100位に10校以上入る」という「日本再興戦略2016」のKPIは、日本の大学システムとは適合しない不適切な目標である。

◆地方における高度でグローバルな教育

　大学の都心立地規制ではなく、秋田県の国際教養大学や大分県の立命館アジア太平洋大学のように、留学生比率が高く、英語の授業も行うグローバルで高い教育水準の大学を地方に創設すること、あるいはそれを既存大学の統合・再編によって生み出すのが本筋である。[*17] 国際教養大学は、世界大学ランキング（日本版2018年）で国内12位、立命館アジア太平洋大学は21位となっている。

　ようやく一部で動きがみられるようになったが、地方の国公立大学を連携・統合・再編し、地域イノベーションシステム（RIS）を支える人材育成の役割を担い、かつグローバルな大学への移行が待たれる（3章を参照）。

◆地方大学の高い論文生産性

　石坂公成（当時ジョンホプキンス大学教授）によると、2001年のNIHの研究費獲得1位は、ジョンホプキンス大学であった。だが、その配分比率は2.1％にすぎず、東京大学と京都大学の2校だけで20％を占めている日本学術振興会の科学研究費（科研費）の配分とは、状況は大きく異なると指摘していた。[*18] テクノポリス計画の時代は、科研費も首都圏や関西圏の大学に集中していた時代である。

　東京大学と京都大学の占める比率は、2016年度には16.9％になった。科研費取得上位25大学に位置する東京都（私立大学である慶応大学と早稲田大学を含む）・千葉県（千葉大学）・茨城県（筑波大学）の大学と京都大学・大阪大学・神戸大学の占める比率は33.9％にまで低下した。

　実は、論文の生産性（論文当たり、被引用回数当たりの科研費の少なさ）は、地方大学の方が高い。欧米では第2グループ[*19]の大学でも論文数が多いが、日本は特定大学に偏っていることも明らかにされている。[*20]

3 技術立国と地域イノベーション

技術立国のパラドックス

◆ not invented here（自前主義）からの脱却

　経済学では全要素生産性の上昇（資本や労働投入の増加によってもたらされる生産性上昇とは異なる生産性の上昇）は、技術進歩によるものであると信じられている。しかし、日本の研究開発力やGDPに占める研究開発費比率が高いにも関わらず、日本の1人当たりGDPの世界ランキングは下落し続けており、GDPの伸び率も他の先進国と比較して低い。

　注意してみると、研究開発のあり様にも近年変化がみられる。自社内（国内）での研究開発ではなく、スタートアップ企業や海外企業のM&A、海外での研究の方が効率的なケースもある。例えば2018年8月、日本電産は、産業用ロボット部品や工作機械を製造するドイツ企業5社を約500億円で買収すると発表した。日本電産が創業以来買収した企業数はこれらの5社を加えると、65社になる。2017年度の日本電産の研究開発費は年間554億円であった。

　フェイスブックは、2010年設立で当時社員13人、売上高ほぼ0のインスタグラムを、2012年に約10億ドルで買収した。フェイスブックは、2011年から2016年にかけて50社を買収したとされる。グーグルは、モトローラ（のちにレノボなどに売却）やアンドロイド（2005年買収）を含む約200社を買収している。[21] アンドロイドOSを搭載したグーグルのスマホ「ピクセル」の新型モデルは、台湾の宏達国際電子の開発部門の一部買収によって開発された。

　ルネサスは2013年に産業革新機構などの支援を受け、大規模なリストラを行ったため、世界的企業買収の潮流に乗り遅れた。アメリカの設計開発のファブレス企業IDTを約6000億円という割高な価格で買収せざるをえなくなった。

　ベンチャー企業にとっては、出口（Exit）戦略として、IPO（新規株式公開）に加えて、投資ファンドや企業への事業売却、さらにはベンチャー企業間の

M&Aも選択肢となっている。大企業からベンチャー企業への投資も増え、研究開発における大企業の自前主義 (not invented here) からの脱却も本格化している。ベンチャー企業によるスタートアップ企業支援も始まっている。

GEI (Global Entrepreneurship Index：グローバル起業家精神指数) における日本のランキングは、2015年33位、2016年30位、2017年25位、2018年28位であり、24位の韓国、27位のシンガポールと同水準となった。1位はアメリカ、2位はスイス、3位はカナダ、4位はイギリスである。

◆付加価値に結びつきにくい日本の研究開発投資

2011年度の年次経済財政報告（経済財政白書）は、5年前の研究開発費と企業の付加価値との関連を指標とした国際比較（2008年データ）を行った。その結果、カナダ、イギリスの70倍程度に対して、日本は40倍弱にとどまり、研究開発が付加価値や利益に結びついていないことが判明した。

イギリスの研究開発投資は、付加価値実現に対して70倍程度の効果がある。とはいえ、GDPに占める研究開発費は1.76%（2010年度）にすぎず、日本の3.67%（2011年度）を大きく下回っている。ちなみにアメリカは2.9%である。付加価値や利益に結びつかない研究をやめ、ブランド価値の創出やデザイン力の向上、人材育成、M&Aに資金を配分する方が、日本企業の収益力は高まる可能性が高い。

しかも日本の場合、研究開発費の20%以上は自動車産業において投資されており、医薬品、医療機器、航空宇宙、ICTなど、先進国型の産業における研究開発投資において見劣りしている。家電、半導体、パソコン、携帯電話分野の過去の研究開発投資は、日本企業の収益に結びついていない。半導体、家電、パソコン、携帯電話事業からの日本企業の撤退が相次いでいる。

日本とアメリカは違う

◆シリコンバレーのクローン作製は不可能

日本にはシリコンバレーがない、日本はシリコンバレーをつくれないと嘆いてもしかたない。シリコンバレーは、アメリカの軍需産業との関係抜きでは考

えられない。国際共通語となった英語を使用するという優位性（世界から優秀な学生や院生、人材を吸引しやすい）、西海岸独自の開放的気質や「自己決定」力のきわめて高いスタンフォード大学もある。日本には巨大な市場、巨額の国防費、「自己決定」力の高い研究大学は存在しない。ヒューズは、冷戦による国防費の削減は科学研究への連邦支援の停滞をもたらしたと指摘している。[*22] 国防費と科学研究には強い関係性がある。航空機、インターネットや医療ロボは軍事技術の応用である。

日本には、バイオ、医薬品研究に巨額の研究開発費を配分するNIHも存在しなかった。NIHと規模や機能は比較にならないものの、日本版NIH（AMED：日本医療研究開発機構）が設立されたのは2015年になってからである。

◆**日本の強みは地方でのものづくりと地方大学**

しかし、日本の地方には、長年にわたる工場地方分散政策の効果もあり、最新鋭の製造拠点が存在している。工場の国内回帰の動きもある。量産拠点から、研究開発の一部や設計、試作品の製造なども行うマザー工場化も進展している。日本の強みは、地方の地場企業も高度な生産技術、加工技術、高い研究開発力を有している点にある。地方企業に不足しているのは、新事業、新しい取引先、新しい人的ネットワーク、海外市場へと一歩踏み出す勇気だ。

ようやく技術者、学生の協力を得て、複数の中小企業の要素技術を統合して、超小型衛星を開発したり、大企業の休眠特許を活用して独自製品を開発する中小企業も現れた。新しいタイプの「新結合」の誕生である。

すでにみたように、THEの世界大学ランキングに入っている日本の地方大学は多い。日本人はノーベル賞や世界大学ランキングが好きだが、トップ10に入っている日本の大学がないことを嘆くよりも、アメリカに次いで多くの大学がランクインしていることを誇った方がいい。地方の国立大学はこれまで駅弁大学と蔑まされてきた。近年地方大学不要論を唱える論者もいる。だが、本書で取り上げた福島、福岡、神戸、宮崎の事例からもわかるように、地方の大学は地方創生の拠点、イノベーションの結節点（ノード）として機能しうる。

4 付加価値創出に向けての戦略

新しいイノベーションの地理

◆ネット環境の革新による空間的不利性の低下

　パソコン、スマートフォン、タブレットなどのモバイル端末の価格は劇的に下落し、世界中のだれもが利用できる機器となった。それらの端末は、インターネットに接続されており、SNSなどを利用して、世界中から情報を収集・発信し、世界中のクラウド（人々）とのネットワーク構築を可能かつ容易にした。

　イギリスのエコノミスト誌は、「なぜスタートアップ企業はシリコンバレーから去るのか」という記事のなかで、上記のネット環境の革新、およびシリコンバレーにおける家賃・賃料の高騰を、その理由としてあげている。[*23]

　最終消費財であれば、自ら直接、航空会社や船会社、フォワーダーと交渉するまでもなく、アリババなどのインターネットサイトに出品（越境電子商取引：EC）するだけで輸出できる。ライブコマースという手法も誕生した。また、伝統産業のマーケティングを支援する商社や自治体も現れている。

　真珠の加工販売を行っているOKKO（三重県伊勢市）は、ロボット型ペンダントで海外市場を開拓しているが、香港オフィスの設立を賃料の高さからあきらめ、2018年度からヨーロッパのECサイトへの出店を始めている。

◆大学の意識改革

　大学側も産学連携、特許の取得やスタートアップ企業の設立に積極的になった。前述のとおり、2017年度の大学発ベンチャー企業数はついに2093社となった。地方銀行の融資姿勢にはまだ問題が残されているものの、地方の大学や地方の中小企業、また伝統や慣習へのこだわりが強い醸造所、農家でも産学官連携やイノベーションに対する拒絶反応はみられなくなってきた。

　旧制医科大を起源に持つ岡山・長崎・熊本・金沢・新潟・千葉の国立6大学は、コンソーシアムを結成し、長春、ライデン、バンコク、ヤンゴンに事務所

を設置し、留学生の交換、共同研究開発などの事業を展開し始めている。

◆伝統技術×デザイン

　世界最大の家具見本市であるイタリアの「ミラノサローネ」などに出品することによって、ヨーロッパの市場を開拓する日本の老舗家具メーカーや提灯メーカーも増えてきた。福島県の「フェアリー・フェザー」も、この見本市に出展したことで、エルメスとの取引が実現した。1000年の歴史を有する山梨県の伝統的織物（郡内織物）も、パリのオペラ座に素材の美しさと繊細さが評価され、舞台衣装に採用された。有田焼においても、欧米人15人と日本人1人のデザイナーと10社の窯元とのコラボが実現している。デザイン力を高めた長崎県の波佐見焼も海外市場への展開を始めている。

　大企業も伝統技術との融合を模索し始めている。パナソニックは、京都の伝統工芸職人とのコラボによって、経年劣化を楽しめる真鍮(しんちゅう)製の茶筒型スピーカーを開発した。

　デザイナーやクリエイターの創造性は、科学技術を中心としたイノベーションとは異なり、個人の感性やクラフト性が強く反映される。芸術との関係性も強く、美、色彩、デザインという点において、付加価値を創出する源泉となる。

◆徐々に低下する大都市の優位性

　東京大学、国立がん研究センター、理化学研究所、東京ビッグサイト、幕張メッセ、羽田・成田空港、日本政府は首都圏に固定されている。したがって、人材育成、人的交流、教育、新技術開発、先端医療、国際会議・国際展示会、政策情報のいち早い入手に有利な地域は存在し続ける。ネット時代とはいえ、集積の利益や接触の利益が完全に消滅するわけではない。

　しかし、ヒッペルのいうように、インターネットおよび航空移動の時代において、「イノベーションを起こすリード・ユーザーとメーカーが地理的に近いことの意味合いは低下していく」。*[24] 開発拠点と工場を地理的にも業務的にも切り離したのが、工場を持たない企業のスタイル「ファブレス」である。地方の企業や中小企業であってもファブレス化は可能だ。

　N・マルスとP・オバーベルグによると、R・フロリダがもっとも注目したク

リエイティブシティであるサンフランシスコ・オークランド・ヘイワード都市圏は、地価高騰で2017年に2万4000人の人口流出に陥ったという。[*25]

◆資金供給環境の変化

　ベンチャーキャピタルに加えて、クラウドファンディングやふるさと納税制度による資金調達も可能となっている。自治体、政府系の日本政策金融公庫、中小企業基盤整備機構、REVIC（地域経済活性化支援機構）などの融資事業、支援事業もある。ジャパンベンチャーリサーチによると、日本のスタートアップ企業1社当たりの資金調達額は、2012年の1億800万円から2017年の3億1640万円へと急増している。2017年に10億円以上調達したスタートアップは59社で、前年比20％増となっている。

　経済産業省主催の第4回日本ベンチャー大賞において「審査委員会特別賞」を受賞したマネーフォワード（本社：東京都港区）は、クラウド会計技術を活用し、オンラインで少額融資を無担保で借りられるAI融資事業に参入する。残念なことに、クラウド、量子コンピュータの時代においても、地方銀行の担保主義、不動産融資志向は根強い。地域イノベーションシステム（RIS）の障害の1つは、イノベーションやスタートアップの重要性に対する地方銀行の認識の低さにある。

◆外部知の獲得

　ネット企業である「ビザスク」は、業務で緊急に必要な知識や情報を、それらを暗黙知として所有している人たちからネットで得られる仕組みを開発した。このような仕組みを活用すれば、雇用契約なしで、外部の知を瞬時に低コストで入手できる。人材派遣会社や地方銀行を中心として、人材や事業継承者、大企業などの退職者を地方企業とマッチングさせる事業も始まった。副業を認める企業も増加している。

◆高等教育の地理的分散

　教育においても、ネットで高いレベルの講義を受講できるシステムはすでに開発され、アメリカの大学を中心として活用が始まっている。日本においても、どこにいてもグローバルな教育機関から教育を受けられる時代がきている。モ

バイル端末とネットで学習できるソフトウェアやプログラミングの世界では、大学進学の必要はないとまで言われるようになっている。

◆イノベーションとクリエーションの新しい地理

　インターネット、モバイル端末、さまざまなプラットフォームや多様な交流事業をもとに、天才や稀代の芸術家・デザイナー、大学教授や中央研究所の研究員でなくとも、また大都市に居住していなくとも、観察力、洞察力、情報収集力、目利きとしてプロデュースの能力があれば、イノベーションやクリエーションを生み出せる時代となった。自然の豊かさ、地価の安さや人口の少なさは、オフィス・住宅コスト、人材獲得において、スタートアップ企業に有利な面もある。地方では、社会実験や実証実験がやりやすいというメリットもある。通信環境が4Gから5Gへと進化すれば、研究活動や職の分散化はさらに促進されるであろう。

　知識の投入や知識の生産は、伝統産業や農業を含むあらゆる産業部門、すべての地域において可能であり、かつ必要である。イノベーションとクリエーションは巨大都市の専有物ではなく、どの地域にも、どの企業にも開かれている。

　ただし、人口、産業、大学の少ない地方であればあるほど、グローバルなパースペクティブを持って、地域内に存在しない知識・情報・アイデア・デザインや人材を求めて、多様な業種との連携を模索し、イノベーションとクリエーションを意識的に創出しなければならない。そのためには、国や自治体も、世界的品評会、家具や家電の海外見本市だけでなく、海外のスタートアップ見本市への参加支援を促進した方がよい（4章参照）。「偶然の意識的創出」である。

　みてきたように、地方におけるクリエイティブな教育環境や融資制度には、いまだ課題は残されてはいる。特許をめぐる大企業と中小企業やベンチャー企業間の力関係の差も消滅したわけではない。だが一方では、地方でイノベーションやクリエーションを引き起こすための制度的・ビジネス的環境は、徐々に整ってきた。国連の提唱するSDGsの潮流も地方企業にとって追い風となりうる。地方における障壁は、研究開発費、技術力や地理的不利性ではない。失敗に対する寛容な精神、旺盛な好奇心、遊び心の欠如にある。

[注釈]

* 1 池田信夫『希望を捨てる勇気　停滞と成長の経済学』ダイヤモンド社、2009年、p.219
* 2 吉村克巳「海外の和食店から引き合い殺到、茨城の木桶醤油が高くても売れる理由」『Diamond Online』2018年9月12日
* 3 西村和雄・八木匡「日本経済の成長と生産性向上のための基礎的研究」『RIETIディスカッション・ペーパー』18-J-026、2018年9月
* 4 「「熱意ある社員」6％のみ　日本132位、米ギャラップ調査」『日本経済新聞』2017年5月26日朝刊
* 5 文部科学省『平成29年版　科学技術白書—オープンイノベーションの加速—』日経印刷、2017年、p.13
* 6 厚生労働省「一般職業紹介状況（平成30年6月）」2018年7月31日
* 7 日本財団「子どもの貧困の社会的損失推計—都道府県別推計—　レポート」2016年3月11日訂正版
* 8 R・フロリダは、アメリカの都市の生長の推進力としてクリエイティブ・クラスの存在を指摘する。詳しくは、リチャード・フロリダ『クリエイティブ・クラスの世紀』ダイヤモンド社、2007年を参照
* 9 ジェイン・ジェイコブス（中村達也訳）『発展する地域　衰退する地域』ちくま学芸文庫、2012年、p.298
* 10 今井賢一『情報ネットワーク社会』岩波新書、1984年、p.17
* 11 世界銀行が毎年世界各国のビジネス環境を指数化し、順位付けしているレポート
* 12 洪美江「米国バイ・ドール法28年の功罪　新たな産学連携モデルの模索も」『産官学連携ジャーナル』2009年1月号
* 13 テクノポリス '90建設構想委員会『テクノポリス '90建設構想について』産業研究所、1980年、p.31
* 14 テクノポリス '90建設構想委員会『テクノポリス構想 '90建設の方向について』産業研究所、1981年、p.68
* 15 山﨑朗『ネットワーク型配置と分散政策』大明堂、1992年、p.145
* 16 岡崎哲二・星岳雄「政府のイノベーション政策はなぜ失敗続きだったのか」『日経ビジネスオンライン』2015年11月2日
* 17 大橋智佳「グローカル教育のプレミアム展開」山﨑朗・鍋山徹編著『地域創生のプレミアム（付加価値）戦略』中央経済社、2018年を参照
* 18 石坂公成「米国の競争的研究資金制度の特徴と日本の制度の欠陥」澤昭裕・寺澤達也・井上裕也編著『競争に勝つ大学：科学技術システムの再構築に向けて』東洋経済新報社、2005年、pp.158-161
* 19 論文シェアによる4分類で、イギリスでは、第1グループ4大学、第2グループ27大学、日本は第1グループ4大学、第2グループ13大学である
* 20 科学技術研究所「日本の大学における研究力の現状と課題」2013年
* 21 アンドリュー・マカフィー、エリック・ブリニョルフソン『プラットフォームの経済学』日経BP社、2018年、p.395
* 22 ケント・H・ヒューズ（城野敬子・山本薫之訳）『米国競争力戦略の革新—進化する産業政策の展望』東洋経済新報社、2006年、p.105
* 23 "Why Startups are Leaving Silicon Valley: The New Geography of Innovation", *The Economist*, Aug. 30, 2018
* 24 エリック・フォン・ヒッペル（サイコム・インターナショナル監訳）『民主化するイノベーションの時代』ファースト・プレス、2006年、p.219
* 25 Nour Malas and Paul Overberg, "San Francisco Has a People Problem", *The Wall Street Journal*, Mar. 23, 2018

2章 イノベーションシステム論
国と地域、連携のシステム

戸田順一郎

I　イノベーションシステム論の検討

シュンペーター仮説からの脱却

◆増加する日本企業の研究開発費

　イノベーションの重要性は、今日広く認識されている。とくに、企業にとってイノベーションの創出、活用は、企業規模、業種を問わず、競争力の維持や獲得にとって不可欠となった。
　「研究開発活動に関する調査」（『日本経済新聞』2018年7月26日朝刊）によると、主要企業289社の43.9％が過去最高の研究開発費を投じており、研究開発投資総額は12兆4789億円で9年連続増加した。また、研究開発投資に占める基礎研究の割合も増加している。研究開発費の増額は、日本企業がイノベーションを競争力の源泉として重要視していることの1つの表れである。

◆外部環境とイノベーション

　イノベーションは、個別企業の研究開発活動のみによって生じるわけではない。イノベーションを資本主義社会における経済発展の原動力として位置づけた経済学者シュンペーターは、市場支配力を有し、資金力のある大企業ほどイ

ノベーションで有利であると論じた。この独占的大企業組織の企業内R&Dの優位性、研究開発投資に関する規模の経済性は、シュンペーター仮説と呼ばれている。だが、その後の実証研究では否定的な検証結果も得られている。

　本章のイノベーションシステム論では、イノベーションを、独占利潤獲得を目的とした企業内活動により生じるとするシュンペーター的な把握でもなく、また、研究から生産、市場化へという連続的プロセスというリニアモデル的な把握でもなく、企業と外部環境間の相互作用プロセスとして捉える。つまり、イノベーションシステム論は、古典的なイノベーション論に対するオルタナティブである。イノベーション創出において、外部環境をいかに整備するか、あるいは活用するかという視点は、近年注目されているオープンイノベーションにも通じている。

イノベーションシステム論の登場と発展

◆浸透するシステム論

　イノベーションシステム論は、1980年代半ばの登場以来、イノベーション研究における新たな潮流を形成した。また中央政府や地方政府、さらにはOECD（経済協力開発機構）やEUといった国際機関においても取り上げられ、政策課題としても浮上した。イノベーションについての経済理論の説明力の限界や、イノベーション促進を政策課題と認識した政策策定者たちにとって、イノベーションシステム論は魅力的なフレームワークであった。

　主流派経済学におけるイノベーション論は、イノベーションへの資源配分問題やイノベーションの経済効果に限定され、イノベーションプロセス自体はブラックボックス化されてきた。それに対して、イノベーションシステム論は、イノベーションの創出プロセスや創出環境の解明を試みている。

◆日本研究から始まったNIS

　ナショナルイノベーションシステム（NIS）という考え方は、フリーマン、ネルソン、ルンドバルら新シュンペーター学派と呼ばれる研究者たちによって提唱された。

NISのコンセプトが初めて用いられたのは、フリーマンによる日本の経済成長と技術発展に関する研究である。[*1] 18世紀末、産業革命によってイギリスは、他国に対して大きな技術的優位性を確立した。19世紀末にはアメリカとドイツがイギリスを凌駕するまでに成長し、20世紀後半には日本が欧米諸国に追いつき、いくつかの分野ではリードするまでに至った。こうした過去200年における各国間の技術的地位の変化を理解するための分析視角として、その国において「新しい技術を開始し、輸入し、修正し、普及させるような、私的・公的セクターにおける諸制度のネットワーク」[*1]であるNISという概念が提示されたのである。

◆日本のイノベーションシステムの特質

フリーマンは日本のイノベーションシステムの特徴として、①民間企業に対し技術変化の直接的・間接的指針を示した通産省による技術政策、②輸入技術の吸収・改善を効率的に成し遂げることに貢献した企業内R&D戦略、③質の高い労働力の確保を可能とした中等・高等教育（とくに工学系）と終身雇用制度のもとでの企業内教育（とくに大企業）という2つの教育・訓練システム、④長期的視点での研究、教育、投資を可能とした安定的な企業間関係（拮抗した企業間競争と系列取引）を挙げている。

他の章でも論じられているように、長年にわたって形成され、日本の強みとされてきた日本のイノベーションシステムが現在弱みに転化しており、日本のイノベーションシステム改革が求められているのは時代の流れである。

◆組織・制度の相互作用

ネルソンはNISについて、「一連の諸制度の相互作用が、その国の企業のイノベーションのパフォーマンスを決定する」[*2]とし、研究開発を行う組織と、研究開発を支える科学・技術・イノベーション政策などの制度がイノベーションシステムの核を形成するとしている。またルンドバルは、NISを「経済的に有用な新しい知識の、生産、普及、利用において相互作用する、その国に立地しているか起源を持つ諸要素、諸関係からなるシステム」[*3]と定義づけている。

3者の定義に共通するのは、NISをその国においてイノベーションに影響を

与える、組織、制度の相互作用からなるシステムと捉えている点である。

◆ **イノベーションシステムの構成要素**

このイノベーションシステムの構成要素の1つは「組織」である。組織とは、実際にイノベーションを遂行するプレーヤーであり、企業、大学、公的研究機関、政府機関などが該当する。

もう1つは「制度」である。制度は、そうした組織や個人の間の相互作用を規定し、影響を与えるルールであり、代表的なものとしては知的財産制度（特許制度、技術移転制度など）や競争制度（独占禁止法など）、金融制度、安全規制・環境規制制度、教育制度などが該当する。

制度がイノベーションにおよぼす影響としては次の3つが挙げられる。[*4] 第1には、イノベーションのための情報提供による不確実性の低減である。専有可能性の情報を提供する特許制度や、イノベーションの懐妊期間における不確実性を低減する融資制度などである。第2には、イノベーションによる変化がもたらす摩擦の軽減である。例えば、再教育・再訓練のための教育制度や労働市場調整に関する制度である。第3には、イノベーションに対するインセンティブの付与である。具体的には、知的財産権制度や研究開発活動に対する税制優遇制度などである。

どのような制度をイノベーションシステムに含めるかは、論者や分析対象によって異なるものの、この制度の役割こそが、グローバリゼーションが進展した現代においてもNISという視角が有効性を持つ1つの理由である。

◆ **RISの登場とNISとの関係**

1990年代に入ると、国より狭い地域という視点でイノベーションシステムを捉えようとする地域イノベーションシステム（RIS）というアプローチが登場する。[*5] このRISの登場は、シリコンバレーに代表されるイノベーションが数多く生み出されている地域の存在や、イノベーション政策における地域の重要性の高まりを背景としたものである。では、国と地域という異なる空間スケールのイノベーションシステムはどのように関係しているのであろうか。

ルンドバルは、イノベーションプロセスを「ユーザーと生産者の間の相互作

用」プロセスとして捉え、この相互作用が同じ NIS に属している場合、効率的に行われるとする。その理由として、①地理的な近接性、②共通の言語、文化的な近接性、③政府の役割を挙げている。*6 これをもとに NIS と RIS の関係について考えてみたい。

まず地理的な近接性という点では、より小さな空間スケールである地域の方が、情報交換や情報共有のようなイノベーションを実現するための相互作用プロセスは、効率的に行われる可能性が高い。

また共通の言語、文化的な近接性という点では、分析対象とする国、地域の事情による。例えば、一国内に多様な文化的背景を抱えている国では NIS と RIS が持つ意味は異なる。それに対して、国レベルで言語的・文化的同質性を有している欧州の小国の場合には、NIS と RIS はほぼ同一のものとして捉えられる。

政府の役割という点でいえば、中央政府の権限が強く、国の制度の果たす役割が大きい場合には、NIS という視点の有効性が高まる。逆に、地方政府のイノベーション政策が効果的な場合には、NIS だけでなく RIS という視角も軽視できなくなる。

このようにイノベーションシステムを国というスケールで捉えるか、地域というスケールで捉えるかは分析対象（産業、技術、地域）に依存する。とはいえ、NIS と RIS は相互に補完的な分析視角であり、また NIS と RIS の連携をいかに図るかは重要な政策課題となる。

2 国際特許からみる技術的競争力とイノベーションシステム

技術的競争力分野の国際比較

◆日米独中の技術的競争力分野の特質

近年、企業活動のグローバル化の進展と国際的な知的財産制度の整備を背景に、国際特許の出願件数が増加している。2017 年の国別の出願件数では、初め

て中国が日本を抜き、アメリカに次ぐ第2位となった（「WIPOプレスリリース」2018年3月21日）。表2・1は、日本、アメリカ、ドイツ、中国の国際特許出願件数上位5分野を比較したものである。

　日本は、電気機械・機器、音響・映像技術、半導体技術、コンピュータ技術、光学機器とエレクトロニクス関連分野が上位を占めている。それに対し、アメリカは、コンピュータ技術、デジタル通信技術というICT分野と医薬品、バイオテクノロジー、医療技術というライフサイエンス分野、ドイツは、自動車関連および機械分野の構成比が高い。近年出願件数を急速に増加させている中国は、デジタル通信技術、コンピュータ技術で約35％を占めており、中国政府がこの2分野の競争力強化に注力してきたことがわかる。

　これら4カ国は、あらゆる産業分野で競争関係にあり、熾烈な企業間競争を繰り広げているように思われがちであるが、特許出願件数をみると、それぞれの競争優位分野には明確な差異が存在している。

◆北欧諸国の技術的競争力分野の特質

　表2・2は、ノルウェー、スウェーデン、デンマーク、フィンランドの北欧4カ国を対象とした表である。

　ノルウェーは、建築・土木、計測機器の比率が高い。スウェーデンは、世界的な通信機器メーカーであるエリクソンの影響もあり、通信技術関連分野の特許出願件数が多い。デンマークは、ノボノルディスクをはじめとする有力な医薬品企業やバイオ企業を擁することからライフサイエンス分野が上位を占めている。フィンランドは、ICT分野の比率が高い。フィンランドには、かつて世界最大の携帯電話端末メーカーであったノキアがあり、通信関連企業が集積しているからである。また、フィンランドの国土の約7割を森林が占めており、紙・パルプ産業も重要産業となっていることが表2・2からもわかる。

　北欧諸国はいずれも人口の少ない小国である。高福祉高負担の社会保障制度を有し、1人あたりGDPや労働生産性も世界の上位に位置している。また、各国のイノベーション力を示す2018年度版世界イノベーション指数（GII）において、スウェーデンの3位を筆頭に、フィンランド、デンマークの3カ国が10

表2・1　主要国における国際特許出願件数上位分野の比較

《日本》

	技術分野	構成比
1	電気機械・機器	10.2%
2	音響・映像技術	6.6%
3	半導体技術	6.0%
4	コンピューター技術	5.8%
5	光学機器	5.7%

《アメリカ》

	技術分野	構成比
1	コンピューター技術	10.4%
2	医療技術	9.7%
3	医薬品	6.3%
4	デジタル通信技術	5.5%
5	バイオテクノロジー	5.3%

《ドイツ》

	技術分野	構成比
1	輸送機器	8.1%
2	電気機械・機器	8.1%
3	機械部品	6.4%
4	エンジン技術	6.0%
5	計測機器	5.4%

《中国》

	技術分野	構成比
1	デジタル通信技術	24.9%
2	コンピューター技術	10.8%
3	電気機械・機器	6.5%
4	電気通信技術	5.7%
5	音響・映像技術	5.0%

注1）2017年の国際特許出願件数上位4カ国
注2）2000年から2017年の合計
（出典：WIPO statistics database より作成）

表2・2　北欧諸国における国際特許出願件数上位分野の比較

《ノルウェー》

	技術分野	構成比
1	建築・土木	16.1%
2	計測機器	6.7%
3	輸送機器	6.1%
4	機械部品	5.7%
5	医薬品	4.5%

《スウェーデン》

	技術分野	構成比
1	デジタル通信技術	21.8%
2	電気通信技術	8.1%
3	輸送機器	6.4%
4	医療技術	5.6%
5	コンピューター技術	5.0%

《デンマーク》

	技術分野	構成比
1	バイオテクノロジー	10.4%
2	医療技術	9.3%
3	医薬品	7.8%
4	エンジン技術	6.5%
5	建築・土木	5.0%

《フィンランド》

	技術分野	構成比
1	デジタル通信技術	24.9%
2	コンピューター技術	9.8%
3	電気通信技術	9.1%
4	繊維・製紙	4.8%
5	ハンドリング機械	4.2%

注）2000年から2017年の合計
（出典：WIPO statistics database より作成）

位以内に入るなど、各種科学技術・イノベーションに関する指標でも世界トップクラスの水準にあることでも共通する。それでも、北欧諸国間には、競争力分野に差異が存在していることが、特許件数からも伺える。小国であるため、エリクソンやノキアのような1つの大企業が与える影響が大きい点にも特徴がある。

　以上の特許データからもわかるように、国により競争力のある産業が異なるのは、企業のイノベーションの特質や成否が、その国固有のNISに左右されている証左である。

◆日本の技術的競争力分野の変化

　図2・1は、代表的な技術分野における日本の国際特許出願分野別の構成比

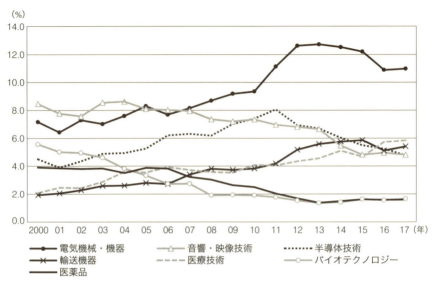

図2・1 日本における分野別国際特許出願構成比の推移 （出典：WIPO statistics database より作成）

の推移を示している。

　エレクトロニクス分野では、電気機械・機器が比率を高めてきているのに対し、音響・映像技術は比率を低下させている。また、輸送機器分野の構成比が高まっている。

　アメリカが競争力を有するライフサイエンス分野では、医療技術の比率は上昇傾向にあるものの、医薬品、バイオテクノロジーの占める割合は低く、近年低下してきている。世界的なバイオエコノミーの拡大が予測されるなか、医薬品、バイオテクノロジー分野の国際特許出願比率の低迷は、日本政府も深刻な課題として受け止めている。そのため、2018年に科学技術政策を取りまとめた「統合イノベーション戦略」においても医薬品、バイオテクノロジー分野は、戦略的な支援対象分野の1つに位置づけられており、政策支援の強化が目指されている。

3　医薬品産業とイノベーションシステム

日本の医薬品産業の競争力

◆新薬開発は先進国に限定

　2016年の医薬品世界売上上位100品目について、創出企業の国籍別にみると、日本は13品目で、アメリカの48品目に次ぐ第2位に位置する。[*7]以下、スイス11品目、イギリス7品目、ドイツ6品目、デンマーク4品目、フランス3品目とこの上位7カ国で9割を超えており、新薬創出が可能な国は一部の先進国に限られていることがわかる。つまり、医薬品産業は専ら先進国型の産業であり、日本は世界的にも一定の地位を占めていることは確かである。

◆企業規模で劣る日本企業

　とはいえ企業規模では、メガファーマと呼ばれる欧米の医薬品企業から大きく水をあけられている。医薬品売上高企業ランキング（2017年）では、第1位のファイザーは490億ドルである。日本企業でトップの武田薬品工業でさえ151億ドルで第18位にとどまっている。同社は2018年5月にアイルランドの医薬品企業シャイアーを買収することが発表された。両社の売上高を単純に合計するとようやく世界第7位の規模になると想定されている。

　シュンペーター仮説とは異なり、イノベーションと企業規模は単純な相関関係にあるわけではない。しかしながら、昨今急成長しているバイオ医薬品は、1つの新薬を生み出すのに低分子医薬品を上回る数百億円以上の多額の研究開発費が必要とされる。遺伝子組み換えや細胞増殖によって製造されるバイオ医薬品は、製造工程も複雑であり、製造コストも高い。医薬品産業では1990年代以降、大型のM&Aが世界中で繰り広げられている。その背景には、企業規模の拡大による多額の研究開発費の確保、および優良なベンチャー企業の買収を含むパイプライン（新薬候補）の充実というイノベーション戦略がある。それだけに高額なバイオ医薬品の新薬開発競争において、企業規模、研究開発費の

規模で劣る日本企業の不利性は否めない。

◆拡大する医薬品貿易赤字

　日本の医薬品の貿易は、2017年に輸入2兆6449億円、輸出5593億円と大幅な貿易赤字にあり、近年貿易赤字額は拡大傾向にある。

　図2・2は主要製品の貿易特化指数を示している。貿易特化指数は、産業ごとの国際競争力を、輸入品と比較して製品に輸出可能な競争力があるかという視点でみた指標である。

　1990年以降、自動車を含む輸送用機械が0.7前後、鉄鋼が0.6前後で推移している。また、多くの産業はプラスの数値となっている。ただし、電気機器は、1990年の0.67が、2017年には0.06にまで急落している。日本企業の海外生産の拡大、アジア企業の競争力向上が背景にあると考えられる。

　また医薬品の貿易特化指数は、1990年以降、一貫してマイナスで推移している。2000年までは若干上昇傾向を示していたものの、近年はマイナス幅が拡大している。

　留意すべきは、医薬品産業大国であるアメリカの医薬品の貿易収支も赤字である点である。貿易特化指数のみで産業、企業、製品の国際競争力を計ることはできない。これはアメリカ企業が、1990年代以降、税制優遇策や外資誘致政策をとるアイルランドなどに生産拠点の移転をすすめたためである。[8]

　とはいえ、日本企業も一部海外に生産拠点を設置してはいるものの、アイルランドなどに大規模に生産拠点の移転をすすめたわけではなく、今日の日本の大幅な貿易赤字は、日本の医薬品産業の国際競争力の弱さを示しているとみてまちがいないであろう。

日本の医薬品産業のイノベーションシステムの特徴

◆大企業を中心とした自前主義の研究開発

　日本の医薬品産業のイノベーションシステムの特徴として、大企業を中心とした研究開発の自前主義が指摘されてきた。

　ケネラーは、欧米の医薬品企業との比較を行い、日本企業が他社からの導入

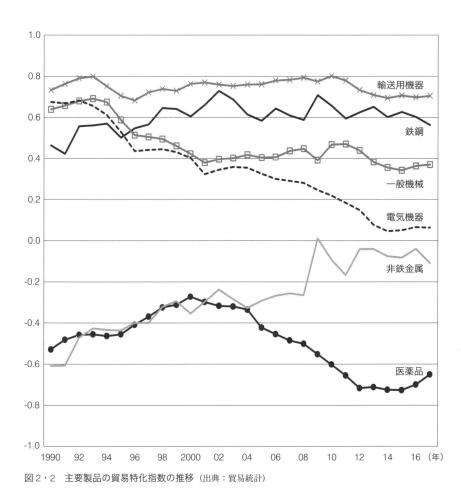

図2・2 主要製品の貿易特化指数の推移（出典：貿易統計）

比率が低いこと、海外大手医薬品企業からの導入が多く、海外のバイオ企業からの導入が少ないことを指摘している。[*9] つまり、ケネラーの言うように、日本企業は基本的には社内研究への依存が高く、また共同研究や提携を行う場合も、大学やバイオ企業が有する初期の開発段階の品目を導入するのではなく、すでに欧米市場で上市された品目を国内市場に導入するといった保守的な開発戦略をとってきた。

◆自前主義の背景と限界

　ただし、日本企業による研究開発の自前主義には理由がある。日本の医薬品企業は、公的医療制度に支えられた国内市場の拡大を背景にして、堅調に成長してきた。さらに医療保険制度、新薬承認制度、外資法、流通制度などのさまざまな制度が事実上の障壁として機能し、外資系企業の参入は容易ではなかった。このような外部環境ゆえに、日本の医薬品企業は海外進出するインセンティブが乏しく、保守的な開発戦略を選択したのである。

　しかしながら今日、国内市場における外資系企業のシェアは急速に拡大している。中外製薬のように外資系企業の子会社となった企業も現れている。また、日本企業の海外売上高比率も高まっている。すなわち、日本の医薬品企業は、国内市場において安住することはもはや許される状況になく、国内外におけるグローバル競争にさらされており、世界に通用する新薬開発が求められているのである。

イノベーションシステムの課題①：オープンイノベーションの必要性

◆自前主義からの脱却とオープンイノベーション

　日本の医薬品産業は、国内外において激しさを増すグローバル競争に立ち向かうため、個別企業の戦略転換だけにとどまらず、企業、政府もイノベーションシステムの変革に取り組むようになってきた。

　1つ目は、オープンイノベーションへの対応である。オープンイノベーションとは「企業内部と外部のアイデアを有機的に結合させ、価値を創造すること」[*10]である。研究開発費の高騰、新薬開発の困難さの高まりを背景に、世界中の医薬品企業が、外部資源を積極的に活用して研究開発を進めようとしている。

　近年のバイオ医薬品の台頭も、オープンイノベーションに拍車をかけている。バイオ医薬品を含むバイオテクノロジー技術の産業化においては、現段階では基礎となる科学的知識の複雑性・未成熟性が高い。つまり、学問分野や組織の垣根を越えた擦り合わせがかかせなくなっているのである。[*11]

　マルセロらは、1988年から2012年における281のバイオ・医薬品企業を対

表2・3 医薬品産業の自己負担研究費に占める社外支出研究費比率と支出先構成比の推移

年度	社外支出研究費比率(%)	支出先構成比（%）			
		国・地方公共団体	特殊法人	民間	外国
1970	6.9 (3.1)	38.0 (11.5)	—	59.4 (79.3)	2.6 (9.2)
1975	6.3 (4.6)	27.5 (5.9)	—	66.9 (88.2)	5.6 (5.8)
1980	10.5 (6.4)	20.1 (4.1)	2.2 (1.2)	68.0 (89.1)	9.5 (5.6)
1985	10.7 (6.1)	23.5 (5.2)	4.0 (1.6)	62.0 (87.3)	10.5 (5.9)
1990	13.8 (6.5)	19.7 (4.9)	1.6 (2.1)	63.7 (84.4)	15.0 (8.6)
1995	14.2 (7.3)	14.0 (3.6)	0.7 (0.8)	47.8 (82.2)	37.4 (13.4)
2000	16.0 (9.5)	12.4 (2.8)	0.5 (0.6)	44.8 (81.1)	42.3 (15.4)
2005	19.6 (12.4)	—	—	—	—
2010	20.9 (13.9)	3.0 (1.5)	1.3 (0.7)	32.9 (77.6)	62.8 (20.2)
2015	24.3 (14.9)	2.7 (2.2)	—	30.5 (71.2)	66.8 (26.6)

注1）カッコ内は全製造業平均
注2）「国・地方公共団体」は国公立大学および公的研究機関など、
　　 「特殊法人」は研究所・事業団および公団・特殊会社など、
　　 「民間」は他企業、私立大学、民間の研究機関など、「外国」は外国の企業、大学などを指す
注3）1970、75、2015年度は、「特殊法人」の項目なし
注4）2005年度は支出先別データ非公表

(出典:『科学技術研究調査報告』各年版)

象に調査を行い、臨床試験開始時からの成功確率は、従来型の自前主義モデルが11％であったのに対して、オープンイノベーションモデルは34％と3倍以上高いことを示している。[*12]

◆研究機関とのつながりの強い医薬品産業

　自前主義、閉鎖的とされた日本の医薬品産業だが、国内の産業のなかでは、大学をはじめとする研究機関とのつながりの強い産業であった。表2・3は、企業の自己負担研究費に占める社外支出研究費の割合と支出先の推移である。医薬品産業の社外支出研究費の比率は、2015年度には24.3％と製造業平均14.9％を大きく上回っている。この割合は輸送用機械器具製造業に次いで2番目に高い。こうした傾向は1970年代から今日に至るまで続いており、またこの比率は一貫して増加している。

　支出先では、「国・地方公共団体」が占める比率が、製造業平均を大きく上回ってきた。医薬品産業は科学的知識への依存度が高く、臨床開発を必要とす

るため大学および大学病院との関係が不可欠であるためである。近年は、それに代替する形で、「外国」の割合が急増している。グローバルに通用する新薬開発のための海外の大学や研究機関とのアライアンスの拡大や、海外市場で製品を販売するための海外での製品開発が増加しているためである。

◆増加する研究開発アライアンス

　研究開発に関するアライアンスは、急速に増加している。高鳥らは、アライアンス契約のデータベースをもとに、日米欧の主要医薬品企業における研究開発アライアンス件数の増加を明らかにした。[*13] ただし、日本企業のアライアンスには、先端的な技術を獲得するためのアライアンスは多くなく、依然としてリスクの少ない開発品を導入する川下段階のアライアンスが多いと指摘している。

◆異業種・異分野からの参入

　また、3章で取り上げられるとおり、日本においては、化学産業など異業種・異分野からの参入が果たす役割も大きいと考えられる。とりわけ技術、市場が発展途上にあるバイオ医薬品や再生医療といった分野において、化学、繊維、石油企業の果たす役割は高い。例えば、再生医療分野に参入した富士フィルムは、積極的なM&Aと自社の保有技術との融合をすすめ、日本企業で初めてiPS細胞の臨床試験を実施と発表した（『日本経済新聞』2018年9月23日朝刊）。

　医薬品分野におけるイノベーションシステムの強化には、ベンチャー企業を含む研究開発アライアンスの量的・質的拡大や、異業種・異分野からの参入などを通じた、多様なプレーヤーによる相互作用の活発化という新しい日本型のイノベーションシステムの構築が重要となる。

イノベーションシステムの課題②：RISの構築と連携の必要性

◆バイオクラスターの台頭

　2つ目の課題は、RISの構築と連携である。医薬品・バイオ産業のイノベーションにとって、地域的なイノベーションシステムが意義を持つことは、この分野における産業集積、バイオクラスターの存在が示している。

　アメリカのボストンやサンフランシスコに代表されるバイオクラスターには、

バイオ関連の世界的な企業、大学、研究機関が多数立地し、イノベーションが生まれている。また国内でも、本書で取りあげている神戸医療産業都市（7章）、福島の医療機器クラスター（9章）、東九州メディカルバレー（10章）をはじめ、バイオクラスター形成に向けたさまざまな取り組みがすすめられている。

◆ **RISが有用である理由**

医薬品・バイオ産業のイノベーションにおいて、産業集積およびRISが有用とされる理由は以下の3つに整理できる。[*14]

第1は、関連する研究機関、研究者間の近接の必要性である。医薬品・バイオ産業のイノベーションでは、知識の暗黙的性質ゆえ、時にフェイストゥフェイスの接触が必要とされる。またこうした研究機関や研究者の近接は、地域内での人材流動の活発化にも寄与する。地域的集積の背景には、血液、細胞、臓器、患者などの輸送制約もある。羽田空港や神戸空港の隣接地にバイオ拠点を設けるのは、航空輸送を活用するためでもある。

第2は、補助産業の成立と近接の必要性である。地域内に数多くの研究機関が立地することにより、研究開発や起業を行うための関連サービス産業が成立する、また近接していることでサービス提供が容易になるためである。医薬品産業では、大学（特に薬学部、医学部、歯学部）、医療機関、リハビリセンター、福祉施設など、他の産業以上にサービス業との関係性が強い。

第3は、研究開発のための一定の基準を満たした施設の必要性である。バイオ産業の場合、規制の問題があり、一企業でどこにでも自由に実験室や研究室を設けることはできない。それゆえバイオ分野の研究開発に特化したエリアや施設が必要とされているのである。こうした研究環境は、資金力を有しないベンチャー企業にとっては特に重要である。

◆ **日本におけるRIS形成の困難性**

RISが医薬品・バイオ産業のイノベーションにとって有用であるとしても、日本でRISを形成し、発展させていくことは容易ではない。中村・浅川は、日本国内において、競争劣位にある医薬品・バイオ産業分野の産業集積を形成することの困難性を以下のように指摘している。[*15]

1つは、日本のバイオ関連の産業集積が今後発展するとしても、先行する海外のクラスターも発展が予想されるため、その格差縮小は容易ではない。2つ目は、企業の立場に立つならば産業集積から恩恵を得るためには必ずしも自国の産業集積である必要はなく、また産業集積が形成されるまで待つ時間的余裕もない。実際、多くの日本の医薬品企業は、ボストンやサンフランシスコのような海外のバイオクラスターに研究開発拠点を立地させている。日本において医薬品にはドラッグ・ラグが、医療機器にはデバイス・ラグがあると言われてきたが、研究開発ラグも存在しており、このラグの解消はきわめて難しい。ICT産業と同様、キャッチアップ型の事業戦略が通用しないからである。

◆ **NISとRISの連携**

逆説的になるが、オープンイノベーション時代においてもRISの重要性は高まっている。高鳥らは、アメリカの医薬品企業はアメリカの創薬ベンチャーからの導入品が最も多く、欧州企業は欧州の創薬ベンチャーから、日本企業は日本の創薬ベンチャーから導入されているケースが相対的に多いと指摘している。[*13] 地理的な近接性がアライアンスの決定要因の1つであることを示していると考えられる。

日本の医薬品企業にとって、国内にベンチャー企業が立地していることが創薬シーズや技術をいち早く獲得するうえで有利に働き、そのためにはそうした企業が育つ環境が重要となる。その意味では、三井不動産による日本橋でのバイオベンチャー育成事業は、新しい試みであるといえよう（11章参照）。

日本の医薬品産業のイノベーションシステムの再編には、国内において化学、繊維、石油、情報産業やベンチャー企業による新規参入を促し、それらの新しい担い手との連携によって、産業集積の厚みを増すと同時に、地方大学との連携などを促進してRISの構築、発展を図らねばならない。

国も現在国立大学などがベンチャー企業の株式を長期保有することなどを可能とする「研究開発力強化法」の改正を検討している。また、「統合イノベーション戦略」（2018年6月15日閣議決定）にもとづき、総合科学技術・イノベーション会議、高度情報通信ネットワーク社会推進戦略本部、知的財産戦略本部、

健康・医療戦略推進本部、宇宙開発戦略本部および総合海洋政策本部、地理空間情報活用推進会議を統合した「統合イノベーション戦略推進会議」が設置された。省庁の壁を越境したイノベーション政策の総合調整によって、日本のNIS、特に医薬品・バイオ産業のイノベーション促進にいかなる効果を発揮するのか、今後の動向を見極める必要がある。

[注釈]

* 1 クリストファー・フリーマン（大野喜久之輔監訳）『技術政策と経済パフォーマンス―日本の教訓―』晃洋書房、1989年、p.2
* 2 Nelson, R. ed., *National Systems of Innovation: A Comparative Study*, Oxford University Press, 1993, p.4
* 3 Lundvall, B.-Å. ed., *National Systems of Innovation: Towards a Theory of Innovation and Interactive Learning*, Pinter Publishers, 1992, p.2
* 4 Edquist, C. and Johnson, B. J., 'Institutions and organizations in systems of innovation', in Edquist, C. ed., *Systems of Innovation: Technologies, Institutions and Organizations*, Pinter Publisher, 1997
* 5 Cooke, P., 'Regional innovation systems: Competitive regulation in the new Europe', *Geoforum*, 23 (3) ,1992 など
* 6 Lundvall, B.-Å., 'Innovation as an interactive process: from user-producer interaction to the national system of innovation', in Dosi, G., Freeman, C., Nelson, R. R., Silverberg, G. and Soete, L. eds., *Technical Change and Economic Theory*, London, Pinter, 1988
* 7 佐藤一平「世界売上上位医療品の創出企業の国籍―2016年の動向―」『政策研ニュース』(52)、2017年11月
* 8 戸田順一郎「医薬品産業における環境変化と生産体制の変容」『産業学会研究年報』(30)、2015年
* 9 Kneller, R., 'Autarkic drug discovery in Japanese pharmaceutical companies: insights into national differences in industrial innovation', *Research Policy*, 32 (10), 2003
* 10 ヘンリー・チェスブロウ（大前恵一朗訳）『OPEN INNOVATION―ハーバード流イノベーション戦略のすべて』産能大出版部、2004年、p.8
* 11 ゲイリー・P・ピサノ（池村千秋訳）『サイエンス・ビジネスの挑戦 バイオ産業の失敗の本質を検証する』日経BP社、2008年
* 12 Marcello, R., Carroll, G., Vandnerkar, G. and Volini, A., 'Executing an open innovation model: Cooperation is key to competition for biopharmaceutical companies', *Deloitte Center for Health Solutions*, 2015
  そこではオープンイノベーションを、①アウトソーシング②ライセンシング（M&A、技術移転、ベンチャーキャピタル投資）③コラボレーション（共同開発、ジョイントベンチャー）④オープンソースタイプの4つに分類し、アウトソーシング以外の3つを調査対象としている
* 13 髙島登志郎・中村健太・長岡貞男・本庄裕司「製薬企業とバイオベンチャーとのアライアンス―日米欧製薬企業の比較分析―」医薬産業政策研究所リサーチペーパー・シリーズ、(48)、2009年
* 14 戸田順一郎「地域産業政策とバイオクラスター―神戸医療産業都市の現状をふまえて―」『九州大学ベンチャービジネスラボラトリー年報』2005年
* 15 中村洋・浅川和宏「製薬・バイオ産業におけるR&Dマネジメントによる外部環境劣位の克服」RIETI Discussion Paper Series、2006年

3章 産業クラスター論

融合する技術

山﨑朗

I 横串型産業の時代

産業構造の高度化

◆ 1人当たり GDP と豊かさ

　一般的には、豊かさの指標として、1人当たり GDP（国内総生産）が使用される。GDP は、1年間にその国で生み出される付加価値（賃金、地代、利子、利潤）の総計である。1人当たり GDP は、生産性の指標でもあり、過去との比較（時系列）も他国との比較（横断的）も容易である。

　もちろん、GDP には、ボランティアのような無償の行為、国民の政治的自由度、社会福祉制度、自然の豊かさなどは含まれないため、豊かさを図る指標として適切でないという指摘は多い。そのため、豊かさ指標については、国連をはじめとして多様な指標が作成されている。国連の調査によると、2017年の日本の幸福度ランキングは、世界155カ国中53位であった。

　国連の幸福度調査の上位国は、ノルウェー、デンマーク、スイス、フィンランド、オランダ、カナダなど欧米の小国である。これらの国々の1人当たりGDP および教育への公的支援の対 GDP 比率は、日本よりも高い。伊賀泰代の

言うように、豊かな社会や地域の実現には、「生産性の向上による総付加価値の拡大」[*1]を必要とする。

◆経済成長と産業構造

1人当たりGDPの増加は、重化学工業化、サービス経済化などの産業構造高度化によって実現される。日本は、繊維・衣服・おもちゃ産業（軽工業）→鉄鋼・石油化学産業（素材型重工業）→造船業、自動車産業や電機・電子産業（加工組立型産業）への産業シフトに成功した。しかし、ICT産業、航空宇宙産業、医薬品産業、医療機器産業、観光産業といった先進国型の産業シフトには、いまだ成功していない。1990年以降の日本の経済成長率の低さや、1人当たりGDPの世界ランキングの低下は、産業構造高度化の行き詰まりにも原因がある。

近年、産業構造高度化の担い手として、大企業ではなく、大学発ベンチャー企業に注目が集まっている。大学発ベンチャー企業数は2017年度に2093社となった。2016年度比で13％増加している。事業の内訳は、バイオ・ヘルスケア・医療機器が659社、ITが614社となっている。

製造装置の開発

◆半導体製造装置

日本の超LSI開発プロジェクト（1971年開始）については、その成果を評価する論者も多い。ポーターは、「共同研究開発の役割に関する一般認識は、多分に超LSIプロジェクトの成功によって影響されている。しかし、超LSIプロジェクトは誰もが成功と認めるおそらく唯一の事例である」[*2]と論じている。

超LSIプロジェクト評価の視点は、半導体製造装置の開発に成功したという点にある。半導体を製造する東芝、NEC、富士通、ソニーではなく、半導体を製造する事業所に納入される半導体製造装置の性能やコストが日本の半導体産業の国際競争力の源泉となっていく。半導体の材料として使用されるシリコンウエハのサイズとシリコン純度の高さもまた、日本製半導体の性能、不良品率の低さ、そして日本企業の国際競争力の強化に寄与した。

アメリカでも新しい半導体の開発に関心が集まるが、ヒッペルは、半導体産

業を立ち上げに貢献したのは、アメリカの巨大情報通信企業 AT&T による半導体製造装置の開発・製造にあったと主張している。[*3]

◆テクノポリスからシリコンクラスターへの再編集

　九州における半導体クラスターのコンセプトは、5章で詳しく論じられているように、半導体を製造する事業所のみを半導体産業と捉えるのではなく、半導体製造装置、その部品製造、シリコンウエハ、半導体設計のベンチャー、半導体生産で使用する化学薬品製造事業所、半導体商社などの「関連支援産業」を含めた半導体クラスターにおける制約条件や発展に向けての課題の発見・共有・解決を目指す新しい考え方であった。[*4]

　九州では、関連支援産業の発見とマッピング、および DRAM（半導体メモリの1つ）からシステム LSI へのシフトに向けてのエコシステムの再編をテーマとしていた。具体的には、システム LSI 開発のための半導体設計のベンチャー企業の誘致や育成が重要課題となった。また、詳細な調査をもとにしたマッピングによって、九州の6つのテクノポリス指定地域外部に、地場の半導体製造装置メーカーやシリコンウエハの製造事業所が存在していることも明らかとなった。クラウド時代におけるスマートシリコンクラスターの現状と課題については、5章を参照されたい。

2　システム思考の隆盛

部分最適と全体最適

◆部分最適の追求が生む敵対的行動

　部分と全体という問題は、古くて新しい問題である。部分最適という用語は、今では否定的な意味で用いられるようになった。部分最適の追求だけでは必ずしも全体最適を実現できないからである。

　地域創生において特に問題となる行動は、「敵対的行動（競合企業、系列外の企業や近隣自治体を敵とみなす行動）」である。テクノポリス指定地域間では、

企業誘致を巡って敵対関係が生じた。「敵対的行動」とは本来、共同、連携、協力、情報交換すべき領域においても、お互いに非協力的態度をとる、場合によっては相手を貶める行動である。

　1章でも指摘したように、日本企業は、製品開発力、技術力、ビジネスモデルが近似している同質的な企業群であった。しかもそれぞれの企業内・系列内で多角化・総合化したため、技術を相互補完するというオープンイノベーションに馴染まなかった。国主導の共同研究開発組合は、技術のキャッチアップと同時に、企業間の敵対関係を緩和するための日本的緩衝材としても機能した。

◆各分野で進む全体最適の思想

　全体最適の考え方は、産業クラスター論独自のものではない。ロジスティクス分野においては、輸送システムの全体を考えるSCM（サプライチェーンマネジメント）の考えが主流になっている。ロジスティクス分野においては、食品・飲料メーカーを中心として、「競合企業との連携」が急速に進み始めている。食品廃棄物の削減にもSCMの考え方を活用しようという動きもある。

　SCMを生産に応用したエリヤフ・ゴールドラットのTOC（制約理論）も全体最適理論である。[*5] TOCは、複数の化学反応の連鎖のなかで、もっとも反応速度の遅い「律速段階」を特定する手法とも共通する。化学反応の速度を規定するのは「律速段階」であるため、「律速段階」の特定と解消（例えば特定の反応の速度を速める触媒の開発など）が、研究テーマとなる。

　交通の世界では、交通流動の全体最適化を目指すTDM（Traffic Demand Management：交通需要マネジメント）がある。医療においても統合医療・総合医療という考えが広がっている。入院・手術だけでなく、退院後のリハビリや養生まで含んだ総合的な医療である。

6次産業化と産業クラスター論

◆ 6次産業化

　地方の振興策として、6次産業化が注目を集めている。農林水産省は支援事業も実施している。農林水産業の第1次産業と製造業・建設業の第2次産業に

サービス業を中心とした第3次産業を加えて、原料生産から製品化、製品の販売までを一貫して手掛けることによって、地域の付加価値力を向上させようという戦略である。1＋2＋3＝6とも、1×2×3＝6とも表現される。ただし、2×3でも6になるため、形式上は足し算の方がよい。6次産業化は、イチゴを生産している農家がジャムやジュースを製造し、それを道の駅や地元のパン屋や旅館、さらにはネット通販で販売するというイメージである。

◆**産業クラスターのモデルとしてのワインクラスター**

ポーターが事例として取り上げたワインクラスターは、クラスターを構成している関連支援産業を明確かつ具体的に規定できるため、図式化しやすい。*6 この理解のしやすさは、産業クラスターというコンセプトの普及には大いに役に立った。

しかし、複雑で多様な産業連関を有する医療機器クラスターや航空機クラスターの関連支援産業や地理的範囲は、一義的には決定できない。しかも、ポーターがクラスター論を提起した90年代後半とは、通信環境がまったく異なっている。今後さらにグローバルな関係の重要性が高まるのは必然である。

産業クラスターは、学術的・固定的な産業概念ではなく、あくまでも横串型の戦略論であり、エリアや関連支援産業は、解決すべき課題をもとに戦略的に決定すべきテーマとなる。

◆**ワインクラスター**

安いワインとして世界に流通していたカリフォルニアワインを高付加価値化するための戦略として提起されたのが、ワインクラスターというコンセプトであった。

ワインクラスターは、ワイナリーのみをワイン産業として捉えるのではなく、ぶどうの生産農家はもちろんのこと、ワイン醸造装置、ワイン用の樽、コルクや瓶、さらには、ワインの輸出業者、物流事業者、観光業者やカリフォルニア大学のワイン研究所など、幅広いステークホルダー（関係者）を含めている。アメリカでは、毎年1月にカリフォルニアのサクラメントでワインとぶどうに関するUnited Wine & Grapes Symposiumが開催されており、ここには、ワインに

特化している銀行や保険会社も参加している。産業クラスターは、農業、醸造業、機械、金融、学術機関として縦型に区分されている産業群を、関連支援産業群として横串で貫く産業連関のチェーンとして捉える産業概念である。

◆日米ワインクラスターの差異

日本でもぶどうやワインの生産量の多い山梨県、北海道では、ワインクラスターという名称で各種の支援事業や勉強会などが開催されるようになっている。ただし、カリフォルニアワインクラスターと比較すると、クラスターの地理的範囲と関連支援産業の厚みに大きな差がある。クラスター化には、集積の規模が不可欠である。

周知のように、カリフォルニア州は、日本とほぼ同じ面積を有している。カリフォルニア州には4054箇所（2015年）のワイナリーがある。国税庁「国内製造ワインの概況」によると、日本最大の山梨県でも81にすぎない。次は北海道と長野県の34であり、カリフォルニア州とは、ワイナリー数が2桁違う。もちろんワイナリーの規模も異なっている。日本には生産規模100kℓ以下の小規模ワイナリーが190もある。

一方、アメリカのワイナリーの約半数がカリフォルニアに集中している。アメリカ産ワインは世界125カ国に3億8300万ℓ輸出され、輸出先はイギリス、カナダ、イタリア、ドイツ、日本、中国の順となっている（2013年）。

最大の相違点は、製造装置の開発と生産である。日本のワイナリー用に輸入されている機械は、イタリア、ドイツ、フランス、スイス製が多い。ワイン産業の振興といえば、ワインの国際品評会での評価やワインの輸出に目を向けがちである。ワイン製造の関連支援産業である醸造用機械において、日本企業の存在感は乏しい。ぶどうの苗木不足に注目が集まっているが、産業クラスター論的にいえば、醸造用機械の国産化も課題である。

◆関連支援産業の集積規模

一定の産業規模がなければ、「関連支援産業」の規模、多様性および質は高まらない。市町村単位、集落単位で実施されている6次産業化事業や県単位で実施されているクラスター活動は、確かに横串型の連携活動ではある。しかし、

生産規模が小さく、関連支援産業の厚みや学術研究機関との連携が不足しがちであり、したがってイノベーションによる付加価値創出力は弱くなる。

　青森県の「リンゴクラスター」とアメリカのワシントン州の「リンゴクラスター」を比較分析した藻谷浩介氏は、ワシントン州には、リンゴの生産者のほかに、多数の農業研究者、マーケティング専門業者、輸出業者、苗木生産者、選果機メーカーなどの関連支援産業が厚く集積しており、リンゴの加工品の輸出力も高いと指摘していた。[*7]

◆ 6次産業化と産業クラスターの差異

　ここまでみてきたように、6次産業化と産業クラスター論は、生産システムを横串型として捉える点に共通点がある。しかし、6次産業化は、生産規模が小さく、関連支援産業の厚みに乏しい。また、製造技術も高くなく、大学の研究成果を活用しても、大学や企業との共同研究などへの発展性に乏しい。農家がイチゴの栽培からジャムの生産や販売までを担う6次産業化と異なり、産業クラスターは専門的企業群や研究機関によって構成された生産システムである。

　北海道ワインクラスターや山梨ワインクラスターは、6次産業化と産業クラスターの中間的存在である。地域の自然的特性であるテロワールを生かすためにも、日本ワインの醸造に適した装置開発も求められている。

農業と食品・医薬品産業の新結合

◆ 逆6次産業化

　筆者は、地域創生戦略として、逆6次産業化を提唱している。[*8] 逆6次産業化は、3次産業や2次産業から1次産業へと波及させていくイメージである。シーズ志向ではなく、ニーズ志向、あるいは、プロダクトアウトではなく、マーケットインと言い換えてもよい。専門家集団による連携である。1章で述べたように、醤油メーカーや酒蔵によるステンレス製の桶から木桶への回帰は、木桶業者という2次産業そして林業という1次産業へと波及していく。

　これは日本ワインの国内需要や輸出の増加によってワイン製造量が増加し、その結果として、ぶどうの生産量も増加するというメカニズムと共通している。

これまでのような、ぶどうが豊作で売れ残ったからジュースやワインにして販売するという6次産業化とは異なる。日本ワインの国内外における需要の増加は、ワイン製造装置の開発にはまだ届いていないものの、ブドウやブドウの苗木の生産増加をもたらしている。

◆ **生薬の国内生産による逆6次産業化**

日本の食品産業は、海外からの安い原材料の輸入に依存してきた。日本からソース類やウィスキーの輸出が増加しても、海外からの原材料の輸入が増加するだけである。日本農業の抱える課題は、食品会社、製材や家具メーカー、化粧品メーカー、化学企業、製紙メーカー、製薬企業、建設・土木会社との関係性の希薄さにある。

近年、漢方薬の売り上げが増加傾向にあるなかで、漢方薬のツムラは、北海道、青森県、熊本県などにおいて、漢方薬の原料である薬用ニンジン、センキュウ、トウキなどの20種類程度の栽培を始めている。生薬は、約8割を中国からの輸入に依存しているが、価格が高騰しており、国内での調達率を高める戦略へと転換した。これは、耕作放棄地の新しい活用策としても注目を集めている。ツムラは、北海道夕張市や熊本県あさぎり町で、生薬の加工場も建設している。生薬は化粧品の原料としても使用されている。これも逆6次産業化である。

このように地域おこしや耕作放棄地の活用策として、漢方薬や化粧品の原料となる薬草栽培は、秋田県、新潟県、富山県、岐阜県、奈良県、大分県など、各地で広がっている。

3 開発における技術統合の必要性

複合化する技術

◆ **内視鏡**

内視鏡の起源は、ギリシャ・ローマ時代にさかのぼれるとも言われているが、

実用的な胃カメラの開発に成功したのは、1950 年である。東京大学の宇治達郎とオリンパス光学(現:オリンパス)の共同研究による成果であった。当時日本では胃がんの死亡者が多く、胃がんの早期発見は喫緊の課題となっていた。[*9]

　オリンパスによる最先端の内視鏡生産拠点が福島県に 2 か所立地している(9 章を参照)。内視鏡の開発は、ヒッペルの言う「ユーザーイノベーション」である。[*10] 医療従事者というユーザー側のニーズをもとに開発、試作、製造、改造が行われてきた。オリンパスの医療事業の売上高は、2018 年に 6163 億円にのぼり、全売上高の約 8 割を占めるまでになっている。現在、内視鏡による低侵襲な手術支援ロボットを開発中であり、AI、ICT、ロボティクス企業とのアライアンスを模索している。オリンパスの技術開発部門長の小川治男は、IT・ソフトウエア系技術者を積極的に中途採用していると述べている(「医療産業エリート大争奪戦」『ダイヤモンド』2018 年 7 月 21 日号)。

　オリンパスの内視鏡技術の基礎は、同社の主力事業であったカメラの技術である。しかし、内視鏡には高性能のカメラが内蔵されているとはいえ、内視鏡はカメラ技術の延長線上にはない。胃カメラに代表される画像診断装置は、「医療診断機器とエレクトロニクスやコンピュータに代表される要素技術の進歩に支えられて目覚ましく発展」[*11] してきた。

　マルコ・イアンシティの言葉を借りれば、「技術統合(Technology Integration)」である。[*12] 進化したカプセル内視鏡は、使用されている部品点数や部品価格からみて、電子機器と呼ぶべき製品になっている。

　とはいえ、やはりカメラの性能は、内視鏡の性能を左右する。2017 年にはソニーとオリンパスが共同出資する SOMED(ソニー・オリンパスメディカルソリューションズ)は、高精密画像の 4K と 3D 技術を融合した手術用デジタル顕微鏡システム「オーブアイ」(1 台 4000 万円)を開発した。2021 年に脳外科分野で世界シェア 20%を目標としている。ソニーのデジタル映像技術とオリンパスの顕微鏡技術の「技術統合」である。しかし手術用顕微鏡は、ドイツのカール・ツァイスが 6 割、同じくドイツのライカマイクロシステムズが 3 割程度を占めているとみられており、オリンパスの世界シェアは 2%と推測されている。

8K内視鏡をめぐる開発競争も始まっている。2017年に世界で初めて開発したのは、カイロス（本社：東京都千代田区）である。軽量化と価格に課題を抱えているが、その高細密な映像は、手術の精度を飛躍的に高めるであろう。国立がん研究センター、NHKエンジニアリングシステムとオリンパスもNHKの8K技術をもとに8K内視鏡の開発を進めている。

◆ **手術用の医療機器開発**

　医薬品と医療用機器は、貿易赤字が拡大している。自動車産業と異なり、日本には世界的大企業も少ない。その背景には、これらの産業は厚生労働省の管轄下にあり、産業政策のターゲティングインダストリーになりにくかったこと（経済産業省は厚生労働省に配慮して「ヘルスケア」という用語を使用している）や、デバイスラグ・ドラッグラグと呼ばれてきた認証の遅さ、また、企業の側にも製造物責任が問われやすい医療機器分野への参入に対して躊躇があった。日本企業は、これまで核磁気共鳴、超音波、X線、光学を活用した診断装置や検査装置に注力してきており、手術用の医療機器開発は遅れている。

　一方、ロボットではないものの、手術用ロボットと称されることもあるアメリカ・インテュイティブ・サージカル社の「ダヴィンチ」（一台2.5億円、年間維持費2000万円）は、世界の医療機関に普及しつつある。日本にも400台程度納入されていると言われている。「ダヴィンチ」は、軍事技術の応用によって開発された。

　工業用ロボットの開発・生産能力が高く、関連する要素技術も豊富な日本において、手術用ロボットの開発、生産ができないわけはない。川崎重工業とシスメックスの共同出資会社「メディカロイド」は、2019年度に手術支援ロボットを販売する計画である。神戸市の医療産業都市に設立された神戸国際医療交流財団も医療用ロボット開発を支援する（詳しくは7章を参照）。東京工業大学発ベンチャーのリバーフィールド（2014年設立）も、東レエンジニアリングの協力を得て、2020年に医療用ロボットを発売する予定である。

他の産業との連携

◆ **工業製品の電子化・化学化・ICT化**

あらゆる製品がインターネットとつながり始め、人間対人間、人間対機械だけではなく、機械と機械のコミュニケーション（IoT）も可能となっている。

新しい工業製品開発は、電子化、化学化（新素材）、ICT化の組み合わせとなった。2008年のリーマンショック以降、ネット系企業を別にすると、株価上昇率の高い産業は、キーエンス、日本電産、村田製作所などの電子部品産業と信越化学、旭化成などの化学産業である。

もはや特定の科学や技術、特定の産業、企業内の総合化・多角化では、新しい製品を開発できない。他産業との連携や他企業との共同開発の必要性が高まっている。脳科学＋神経科学＋ロボット工学＝「サイバニクス産業」という用語も生まれている。もっとも多様な技術の組み合わせが求められるのは、部品点数が自動車よりも多く、極限状況で高い安全性が求められる航空宇宙産業である（6章参照）。産業融合、学問融合に対して、藤本隆宏は、「人工物複雑化の時代」と表現している。*13 複雑化した人工物の代表格が、航空機、ロケット、宇宙衛星である。ただし、藤本の著作では、航空機、ロケット、宇宙衛星は分析対象とされていない。

機械産業として分類されている自動車も、ハイブリッド車の電装化率（自動車価格に占めるエレクトロニクス部品の比率）はすでに60％を超えているとみられている。モーター、電池を搭載するEV（電気自動車）では、その比率はさらに高まる。自動車のコネクティドカー化は、自動車と通信・制御技術との「技術統合」を促進し、自動車の「自動」車への進化を促進する。佐伯靖雄は、「国内市場や既存取引先との関係だけに固執することは、座して死を待つことと同義なのである」と喝破している（「産業融合『部品』に変革迫る　EV時代の課題　下」『日本経済新聞』2018年9月20日朝刊）。

内視鏡、手術用ロボ、自動車、航空機に限らず、多くの産業において電子化、化学化、ICT化は進展する。農業においてもセンサー、LED、コンピュータ、

AIの活用が生産性向上の鍵となっている。

◆**越境する繊維の技術**

　コンピュータ、インターネットはいわば汎用技術であり、あらゆる産業に浸透する。地方の企業や第1次産業といえども、これらの「変化への対応」は避けられない。

　素材においても、新しい変化の兆しがみられる。その1つは繊維である。繊維産業は、統計的には繊維を主に生産する事業所の集合体として記録される。しかし、繊維の用途は、いまや衣服に限定されない。炭素繊維は、自動車、ゴルフ用品、医療機器、海水淡水化装置、人工臓器、航空機にも使用されている。

　山形県鶴岡市に立地している慶應大学の先端生命科学研究所で開発された新しい繊維「QMONOS」は、NASAや米軍でも開発できなかった、強度、伸縮性、耐熱性に高い性能を有する人工のクモ糸である。

4　新結合

新結合を促進する新しい産業組織とSNS

◆**次なる「新結合」**

　イノベーション論の祖であるシュンペーターがイノベーションの原理を表現する用語として使用したのは「新結合」である。「新結合」には、①新しい財貨、②新しい生産方法、③新しい販路、④新しい原料・半製品、⑤新しい組織の5つがある。

　シュンペーターは、郵便馬車をいくら繋いでも、蒸気機関は生み出せないと論じた。このエピソードが興味深いのは、シュンペーターが、人とモノのモビリティに関する技術革新に着目した点である。イノベーションは、鉄道、自動車、新幹線、船舶、航空機、ロケット、宇宙衛星および情報の空間移動である通信とモバイル性の高い端末など、モビリティの革新と強い関連がある。もう1つのイノベーションの源泉は、医薬品、医療機器である。なぜなら、命は1

つしかなく、病気や事故に対する治療や健康については、社会的ニーズがきわめて高いからである。本書が、EV、航空宇宙、医薬、医療機器およびそれらに使用される基盤製品である半導体をテーマとしたのは、モビリティとバイオ・医療がイノベーションの2大源泉であるからにほかならない。

ただし、シュンペーターの5つの分類は抽象的な分類にとどまっており、またコンピュータ、航空機、ネット、クラウドのない時代の分類である。この「新結合」の概念を拝借して、現代の「新結合」の特質を整理してみたい。

1つ目は、すでに指摘したように、特定の学問・技術・産業分野の超越によって、新製品や新サービスが生み出されるようになっている点である。

2つ目は、インターネットのなかった時代には出会うことのなかった人や企業が地理的・時間的制約を超越して「新結合」を始めたことである。

3つ目は、大企業と中小企業、ベンチャー企業が対等な関係で研究開発を行う実証実験や「技術研究組合」の制度が確立されたことである。元請・下請という階層的・垂直的関係は、より水平的な「新結合」へと変化してきている。垂直型から水平型への変化（力関係の逆転）には、ベンチャー企業やスタートアップ企業の創業者に著名大学の教授や卒業生が増えてきたことも背景にある。

4つ目に、イノベーションとは無縁と考えられてきた不動産会社がスタートアップ支援に乗り出したことである（11章参照）。アメリカ・ニューヨークのスタートアップ企業は、賃料の安い倉庫街から生まれたと言われている。日本の都心には資金力の乏しいスタートアップ企業が入居できる賃料の安いオフィスは少ない。敷金・礼金の高さも新事業創出の阻害要因である。

5つ目は、熱狂的ファンと企業との「新結合」である。SNSの普及によって、ユーザーイノベーションだけではなく、「ファンとの共創」が新しい価値創造の源泉となってきた。[*14]

◆総合の解体

日本においてエコシステムを豊かにする基本条件は、「総合の解体」あるいは「総合の再編成」である。1章で論じたように、日本経済は、大企業の新事業によって産業構造を高度化してきた。そのため大企業に一度就職すれば、産業構

造転換の荒波にも耐えることができるため、企業内での事業部門間異動や子会社への出向はあるものの、一生安泰という幻想を生み出してきた。

　今では想像できないが、中小企業であったソニーは、アメリカからのトランジスタの技術購入において外貨の使用が認められず、苦労したことがあった。当時は貴重な外貨を有効に活用するために、通産省は大企業にのみ海外からの技術導入を許可していたのである。

　下請企業は、二重構造と呼ばれる賃金・労働条件の格差を甘受さえすれば、ラジオからテレビ、VTR、パソコンへと製品ラインは変化しながらも、安定的に仕事を受注し続けられた。バブル崩壊までは、大手メーカーの退職率はきわめて低く、退職や転職、起業によって生み出される新しい人間関係という「新結合」（人材融合）は、日本では生じにくかった。

リストラクチャリングとポジショニング

◆パソコン事業を売却した巨象 IBM

　2017 年に半導体売上世界 10 位内に入っているアメリカの半導体企業は、インテル、マイクロン・テクノロジ、クアルコム、テキサスインスツルメンツ、NVIDIA であり、そこには GE や IBM の名前はない。

　日本のパソコンメーカーは、半導体を生産している日立、東芝、ソニー、NEC、富士通であった。IBM は、圧倒的世界シェアを持ち、日本企業が技術的にも追いつけないコンピュータ業界の巨象であった。通産省は、IBM から日本企業を守るために、共同研究だけなく、あらゆる手段を尽くした。1970 年から 80 年代の日本のパソコン事業は、IBM の互換機製造であった。IBM の新型コンピュータの情報を得るため、日本企業は 1982 年に IBM 産業スパイ事件を引き起こしている。

　その巨象 IBM が 2005 年にパソコン事業（ブランド名 ThinkPad）を中国企業であるレノボに売却し、パソコンの外部記憶装置などのストレージ事業とシステム事業へと事業転換したのである。コンピュータ業界の巨象と呼ばれた IBM がパソコン事業を切り離すとは、30 年前には想像すらできなかった。[*15]

◆専業メーカーの台頭と事業再編

　日本企業もようやく半導体、液晶、パソコン、携帯電話事業を切り離し、事業の軸足を固めつつある。ルームエアコンのシェアは、長年総合家電メーカーであるパナソニックが1位であったが、2004年にエアコン専業のダイキン工業が1位となった。ダイキンは、世界シェアでも1位を獲得している。なお、エアコンの需要は、気温上昇で世界的に今後激増すると見込まれており、地球環境に優しい低コストのエアコン開発の必要性が指摘されている。[*16]

　東芝の医療機器事業はキャノンに買収され、三菱電機の粒子線がん治療システム事業は日立が買収した。それぞれ得意分野に絞りをかけるようになっている。日立と東芝の原子力事業も統合の気配がみられる。テレビ事業では、日立とソニーが提携している。

化学系企業の産業・技術越境

◆化学からの越境

　技術統合や技術融合と言っても、やはり主導する産業や企業は存在する。ここで注目したいのは、化学企業である。化学産業には、1970年代の石油危機以降、景気が回復しても赤字が続くという意味で「構造不況業種」というありがたくないレッテルが張られた。B to Bビジネスが主流のため、一般消費者にはあまりなじみのない産業である。1991年には伊丹敬之・伊丹研究室『なぜ世界に立ち遅れたのか　日本の化学産業』(NTT出版) も出版されている。

　化学産業は、さまざまな化学薬品を使用して多様な化学合成を行うだけでなく、化学プラントや装置の開発・建設という機械系・建設系の技術も蓄積している。さらにプラント管理のための情報システムの開発も行っている。

　化学と薬学の境界線はもともと曖昧であり、化学企業から製薬業への参入も増加している。東レは血液から13種類のがんを検知できる検査薬の開発を進めている。企業によるiPS細胞を使用した国内初の移植治療の臨床実験は、富士フイルムとなりそうだ。富士フイルムの出資するオーストラリアのベンチャー企業によるイギリスでの治験が先行しているが、医薬品医療機器法にもとづ

く事前審査も終了しており、日本国内での治験を 2019 年から開始する予定である。富士フィルムは、愛知県蒲郡市の再生医療のベンチャー企業、ジャパン・ティッシュ・エンジニアリング（J-TEC）、大正製薬と資本・業務関係にあった富山化学工業、武田製薬系の和光製薬を子会社化し、ライフサイエンスシフトを加速している。

　化学メーカーの JSR 株式会社は、2017 年 JSR の研究員約 30 名と慶應大学の医師約 70 名からなる JSR・慶應大学医学化学イノベーションセンター（JKiC）を信濃町キャンパスに設置している。ユーザーイノベーションを商業化するための拠点である。

　皮肉なことに、日本の電子・電機産業向けの材料生産の低迷が化学産業のライフサイエンスシフトを促進させている。リクルートキャリアによると、電池開発要員として、化学メーカーから電気・電子・機械メーカーへの転職は 2017 年には 2009 年比で 4.7 倍になっている。[*17] 業界を超えた人材の流動化は、技術融合を促進している。

◆ **CNF（セルロースナノファイバー）**

　電子化、デジタル化は、紙の需要を減少させている。今後も減少し続けるであろう。製紙業界はデジタル化の波の直撃を受け、紙需要の減少に苦しんでいる。製紙業界が注目している新しい技術と製品は、植物由来の新素材、CNF（セルロースナノファイバー）である。ナノは、10 億分の 1 m を意味する。

　CNF は、木材を化学的・機械的に処理した、直径数 nm の微細な繊維素材である。鉄の 1/5 の軽さで、鉄の 5 倍の強度を有している。また、熱による膨張や収縮がないのも特色である。樹脂と混合することによって、多様な機能を有する新素材の開発が期待されている。

　CNF は、石油由来の炭素繊維と異なり、植物由来であるため、資源枯渇の心配がない。また、CNF の量産化に成功すれば、炭素繊維の価格の約半分程度の価格になると試算されている。日本には、製紙企業、化学企業、家電メーカー、自動車メーカー、ゼネコンが存在しており、CNF の新しい利用方法について、ユーザー側からの多くの提案を受けることも可能である。

CNF は、2015 年に国連が採択した「持続可能な開発目標（SDGs）」の理念とも合致している未来の素材である。

　日本製紙は、2017 年 4 月、宮城県石巻市の石巻工場に CNF の量産施設を設置した。年間生産量は 500t で、9 月には島根県江津市の工場にも CNF の施設が設置されている。工業材料として安定的に使用するためには、安定、均一、難燃性である必要があるが、経済産業省は、CNF 関連市場が 2030 年までに 1 兆円規模になると想定している。

◆ 全固体電池の共同研究

　2018 年 5 月、東レ、旭化成、クラレ、JSR などの化学企業が主に参加している LIBTEC（リチウムイン電池材料評価センター）を、経済産業省、新エネルギー・産業技術総合開発機構（NEDO）が支援し、トヨタ、日産自動車、ホンダなどの自動車メーカーやパナソニック、GS ユアサなどの電池メーカーも加わり、23 社体制で現在主流のリチウムイオン電池に代わる「全固体電池」の開発に取り組むこととなった。九州大学、京都大学、東京工業大学なども参画する。欧米の企業にキャッチアップするための共同研究開発ではなく、新しい製品を、素材、部材から開発するための技術統合型の共同研究である。2018 年時点では、「全固体電池」の特許の約 5 割は、日本企業の出願であるとされている。石油精製・石油化学業の出光も「全固体電池」の開発を行っている。

　EV の普及にとって、車載用リチウムイオン電池に代わる、安全かつ安定的、長期使用に耐え、充電時間は短く、小型軽量で価格の安い電池（液体ではなく固体）開発は、必須の課題となっている。

5　想定外の組み合わせをつくる

◆ 融合する知識

　ドイツでワイン醸造に携わるために日本人が学ぶ大学、それはガイゼンハイム大学である。特に白ワインの研究で有名であり、単に醸造技術を学ぶだけではなく、化学や生物学、醸造所経営学までも学べる。また、山梨ワインクラス

ターの発展を支援している山梨大学も、ワインに関する多面的知識を学習できる教育コースを設置した。

近年、医工連携という用語が使用されるようになった。病気や治療という医療の知識だけでは、医療用機器の開発には不十分であり、また機械や電子工学の知識だけでも医療用機器の開発には十分ではない。医者になるほどの知識や経験はなくとも、医療関係者とのコミュニケーションのために、医学を一定程度学習することは、医療機器開発従事者にとって必須要件となっている。

◆融合する学習

人材会社ヘイズの The Hays Global Skills Index 2017 によると、EU28 カ国、アメリカ、日本の雇用者の技術レベル別の雇用者比率の変化（2011 ～ 2016 年）で技能水準の低い Low Level の雇用比率が上昇したのは、日本だけであった。特に、企業が求めているスキルと求職者の有するスキルの乖離を示す Talent Mismatch（人材ミスマッチ）という指標は、指標が作成できた 31 カ国中 29 位となり、アジア太平洋地域でもっとも「人材の探しにくい国」「世界一スキル不足の国」という結果となった。

ヘイズは、日本における人材の流動性の低さと STEM 人材不足を指摘している。STEM 教育は、オバマ大統領の一般教書演説に取り上げられ、アメリカで始まった教育モデルで、科学（Science）、技術（Technology）、工学（Engineering）、数学（Mathematics）の頭文字を取っている。STEM に Art（芸術）を加えた STEAM 教育も提唱されるようになっている。

◆日本型 NIS と RIS の構築に向けて

日本の NIS の強みは、核融合、巨大加速器などのビッグサイエンスではなく、多様な企業、技術、素材、部品や技能の組み合わせにある。クリステンセンは、革新的企業のリーダーに共通する要素は、「一見関係なさそうな事柄を結びつける思考」[*18] だと指摘している。

1 人当たり GDP で世界トップクラスのヨーロッパの小国やシンガポール、香港とは異なり、日本には「一見関係なさそうな事柄」が多数存在している。それらの「事柄」を想定外の、意外な、精妙かつ絶妙な「新結合」、あるいは系

列化や垂直統合とは異なる「組み合わせ」へと展開できるのかが問われている。

さらに、日本に「昔あった事柄」の再興も課題である。世界遺産にも指定された奈良市の興福寺・中金堂の再建にアフリカ・カメルーン産とカナダ産の木材が使用され、国宝の修復に中国産の漆が使用され、築地の寿司屋でノルウェー産のサバが提供され、醤油や日本酒醸造にステンレス樽が使用されるという「組み合わせ」は、日本型RISの再構築にとって望ましくない。日本に「昔あった事柄」を再興し、逆6次産業化によって地方の付加価値を高めるには、森林や水産資源の保護、生態系の保全が絶対条件だ。地方創生に必要なのは、小型のサバをアフリカに輸出することでも、保水力の乏しい杉を密集して植えることでもない。必要なのは、脂ののった大型のサバ、樹齢100年以上のブナや樫である。漁業資源や美しい森の再興は、地方の観光業・飲食業・食品産業のプレミアム化の基礎となる。

プラットフォーマーやユニコーン企業を増やすという日本政府やVC（ベンチャーキャピタル）の目標は、日本の経済規模、産業組織やNISからみて、適切な目標ではない。WEF（世界経済フォーラム）の世界競争力ランキングで日本よりも上位に位置しているスイス、シンガポール、オランダ、ドイツ、香港、スウェーデン、イギリスから、グーグル、アマゾン、フェイスブック、アリババなどの巨大プラットフォーマーは生まれていない。

巨大な国内市場、英語や中国語という国際共通言語、軍事技術、社会的課題（物流、偽札、コピー商品）の4条件とも日本には存在しない。日本の医薬品市場の規模は、アメリカの約1/6にすぎない。アステラス、エーザイ、大日本住友製薬などが、世界的バイオクラスターの中心地であるマサチューセッツ州に研究拠点を立地するのは当然である。

事業の売却とM&A、企業間関係の水平化、人材の流動化、大学発ベンチャーの創出、スタートアップ企業への支援・融資制度、大学教育の複合化、地方大学の再編、許認可制度の改革、化学企業のライフサイエンスシフト、伝統産業の再興、水産資源・森林や生態系の保全などを通じて、シリコンバレーモデルではない（そして大企業・政府主導型・閉鎖型でもない）日本型NISとイノベ

イティブな日本型 RIS を再構築する段階に入っている。

[注釈]

* 1　伊賀泰代『生産性』ダイヤモンド社、2015 年、p.233
* 2　マイケル・ポーター、竹内弘高（榊原磨理子協力）『日本の競争戦略』ダイヤモンド社、2000 年、p.79
* 3　von Hippel, Eric A. "Transferring Process Equipment Innovations from User-innovators to Equipment Manufacturing Firms." *R&D Management* 8 (1), 1977, pp.13-22 を参照
* 4　山﨑朗・友景肇編著『半導体クラスターへのシナリオ』西日本新聞社、2001 年
* 5　エリヤフ・ゴールドラット『ザ・ゴール―企業の究極の目的とは何か』ダイヤモンド社、2001 年
* 6　マイケル・E・ポーター「クラスターが生むグローバル時代の競争優位」『ダイヤモンドハーバードビジネス』1999 年 3 月号
* 7　藻谷浩介「りんごクラスターの日米比較」山﨑朗編著『クラスター戦略』有斐閣、2002 年、p.222
* 8　山﨑朗編著『地域創生のデザイン』中央経済社、2015 年、第 1 章を参照
* 9　鷲塚信彦「内視鏡の歴史と内視鏡技術の進化」『繊維と工業』Vol. 64 No. 8、2008 年、pp.258-261
* 10　エリック・フォン・ヒッペル『民主化するイノベーションの時代―メーカー主導からの脱皮』ファーストプレス、2005 年を参照
* 11　武石彰・青島矢一・軽部大『イノベーションの理由』有斐閣、2012 年、p.274
* 12　マルコ・イアンシティ『技術統合』NTT 出版、2000 年
* 13　藤本隆宏『「人工物」複雑化の時代―設計立国日本の産業競争力』有斐閣、2013 年
* 14　熱狂的なファンとの関係性にもとづく価値創造については、ゾーイ・フラード＝ブラナー、アーロン・M・グレイザー『ファンダム・レボリューション』早川書房、2017 年、佐藤尚之『ファンベース』ちくま新書、2017 年
* 15　IBM の情報サービス事業へのシフトについては、森原康仁『アメリカ IT 産業のサービス化』日本経済評論社、2017 年に詳しい
* 16　Alan Miller, "A warming Asia needs to chill", *NIKKEI ASIAN REVIEW*, Aug. 24, 2018
* 17　「進む異業種転職、民間調査でリーマン直後の 3 倍　IT・化学から移動活発」『日本経済新聞』2018 年 9 月 4 日朝刊
* 18　「成長狙う革新の方法とは　トップ主導で新事業を　ハーバード大学経営大学院教授　クレイトン・クリステンセン氏　世界を語る」『日本経済新聞』2011 年 10 月 2 日朝刊

4章 産業クラスターの形成における地方メッセの役割

北嶋守

I 「地方メッセ」のテンポラリークラスター機能

　国内各地で頻繁に開催されている工業製品関連の商談会やセミナーを含む展示会、いわゆる「地方メッセ」の目的は、出展企業の製品や部品のPRや販路拡大である。と同時に「地方メッセ」には、出展企業や関連団体に対して知識創造（knowledge creation）を促すテンポラリークラスター（temporary cluster）という機能がある。

　現在、日本各地の産業集積地で取り組まれているクラスター推進事業におけるクラスターは、地理的に固定されたパーマネントクラスター（permanent cluster）であり、それらは長期にわたって存在するクラスターである。これに対して、テンポラリークラスターは一時的に発生し、パーマネントクラスターの機能を補完する。テンポラリークラスターは、あくまでも一時的な情報および知識の交換の場である。具体的には、国際的な見本市、展示会、コンベンションあるいは専門家会議などである。

　現在、全国各地のクラスター推進事業では、情報交換会やターゲッティング・インダストリーに関する講演会やセミナーなどが活発に開催されている。だが、それらの多くは地域内の企業、特に中小企業を対象にした小規模な展示会や勉

強会の域に留まっている。すでに指摘したように、テンポラリークラスターは、一時的にせよ、広範囲にわたる情報および知識の獲得・普及の場である。テンポラリークラスターの定義に該当する「地方メッセ」の数は多くはない。

そうした中にあって、「メディカルクリエーションふくしま」(福島県郡山市)、「諏訪圏工業メッセ」(長野県諏訪市)、「アジアメディカルショー」(福岡県福岡市)は、海外の企業や団体との交流も視野に入れて、長年かけて成長してきた展示会であり、テンポラリークラスター機能を有する「地方メッセ」である。

2　3つの「地方メッセ」の概要

メディカルクリエーションふくしま

福島県では、2005年度から異分野製造業の高い技術力に着目し、これらの医療機器分野への新規参入促進を目指して「うつくしま次世代医療産業集積プロジェクト」が実施されている。特に東日本大震災後は、新たな時代をリードする新産業創出による復興計画重点プロジェクトの一環として、医療機器産業の一層の集積活性化を指向する取り組みが行われている（9章参照）。その取り組みの1つが、メディカルクリエーションふくしま実行委員会主催、（一社）日本医療機器学会、（公財）医療機器センター共催で開催されている「メディカルクリエーションふくしま」である。

この「メディカルクリエーションふくしま」では、県内外および海外から医療機器の製品メーカーや関連部品を製造する企業がその技術を出展するほか、毎回、国内外の医療機器関連産業の動向や政策に関するセミナーも開催されている。これは、最先端の医療機器を開発および製造するためには、中小製造業に蓄積されている技術・技能を発信する必要があるとする業界関係者の声に応えるものである。毎回、郡山市にあるコンベンション施設「パレットふくしま」で開催されており、近年、同メッセには、韓国、ドイツなど海外の企業や団体の出展もあり、今日まで13年かけて「医療機器ふくしま」のシンボルとして

国内外から注目される「地方メッセ」と成長してきた。*1

諏訪圏工業メッセ

　長野県諏訪地域では、「魅力あるSUWAブランドの創造」をテーマに国内外に発信することを目標として、2002年10月に当時の諏訪商工会議所会頭の山崎壮一が実行委員長となり、諏訪地域6市町村（諏訪市、岡谷市、茅野市、下諏訪町、富士見町、原村）の4商工会議所、2商工会が中心となって諏訪圏工業メッセの開催がスタートした。毎年、諏訪湖畔にある諏訪湖イベントホール（旧東洋バルブ株式会社諏訪工場跡地内）で「諏訪圏工業メッセ」が開催されている。

　同メッセは、諏訪地域からものづくりの情報発信を具現化する展示会として、県外だけでなく海外からも注目されており、精密機械産業を中心とした中小製造業が集積する諏訪地域ということもあり、地方開催の工業展では国内最大級の規模で、近年は、海外のバイヤーを招聘するなど長野県企業のグローバル展開にも注力している。*2

アジアメディカルショー

　アジアメディカルショーは、1989年からアジアの玄関口である福岡市で開催されている医療・ヘルスケア機器に特化した展示会で、2018年には開催30周年を迎え、特に台湾医療器材商業同業公会との姉妹会締結も30年となり、長きにわたり交流が行われている。

　第13回目の開催となる「アジアメディカルショー2018」では、「アジアや日本における全国規模の総合展示会として、最新の医療機器をはじめとする医療・介護・福祉に関する機器やサービスを発信し、交流の場を提供して新たな人々の出会いをつくり、九州沖縄のヘルスケアの『発展に貢献すること』」が開催理念として掲げられている。

　また、九州ヘルスケア産業推進協議会（HAMIQ）とコラボレーションし、総会の開催および貢献大賞発表、九州のヘルスケアに新しく取り組む企業の展示会も行われている。*3

3 3つの「地方メッセ」の出展者・来場者の評価や目的

「メディカルクリエーションふくしま」の効果

　上記3つの「地方メッセ」について、出展者による「メッセ」の効果や評価、来場者による「メッセ」参加の目的などについて、開催事務局や地元のシンクタンクが実施したアンケート調査結果からその一端を示すと次のようになる。

　図4・1に示すように、開催事務局が出展者を対象に実施したアンケート調査によれば、「メディカルクリエーションふくしま2017」の良かった点については、「自社のPRができた」が63.8%で最も高く、次いで「出展者相互の交流ができた」(50.3%)、「情報の収集ができた」(42.9%) といった順になっている。このように、同メッセは、海外からの出展者も含め企業や団体が相互に情報や知識を交換する場となっている。[*4]

「諏訪圏工業メッセ」のビジネス面以外の効果

　図4・2に示すように、長野県のシンクタンクが実施したアンケート調査によれば、「諏訪圏工業メッセ2016」出展によるビジネス面（商談や受注獲得）以外の効果については、「来場者・出展企業との情報交換が行えた」が66.4%で最も高く、次いで「地域内企業の情報収集ができた」(57.3%)、「自社の知名度が向上した」(53.9%) といった順になっているが、「他の出展企業との間で交流が深まった」も48.0%と高い比率を示している。[*5]

「アジアメディカルショー」来場者の目的

　図4・3に示すように、主催事務局が「アジアメディカルショー2018」の来場者（1万4974名）を対象に実施したアンケート調査によれば、来場の目的については、「業界動向に関する情報収集」が28.2%と最も高いが、僅差で「講演会、セミナーに参加」も27.0%と高い比率を示している。[*6]

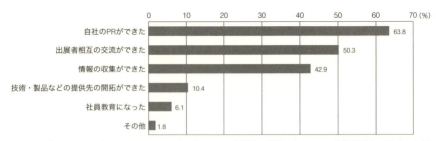

図4・1 「メディカルクリエーションふくしま2017」出展者の評価（N＝173、複数回答）。同メッセは医療・ヘルスケア機器に特化した展示会で出展者相互の交流の場となっている（出典：メディカルクリエーションふくしま実行委員会『メディカルクリエーションふくしま2017開催報告書』2018年、p.2 より作成）

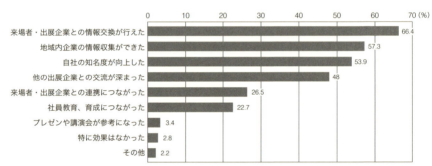

図4・2 「諏訪圏工業メッセ2016」出展によるビジネス面（商談や受注獲得）以外の効果（N＝321、複数回答）。同メッセの出展者は長野県内企業が中心であり地域内の情報共有にも役立っている（出典：一般財団法人長野経済研究所『諏訪圏工業メッセ2016の開催効果に関する調査・最終報告書』2017年、p.19 より作成）

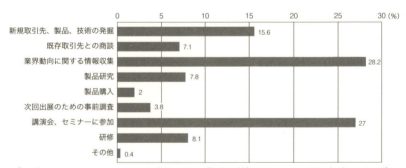

図4・3 「アジアメディカルショー2018」来場の目的（複数回答）。同メッセは展示会だけでなく多くの講演やセミナーが開催される点に特徴がある（出典：第13回アジアメディカルショー実行委員会『アジアメディカルショー2018結果報告書』2018年、p.11 より作成）

表4・1 「メディカルクリエーションふくしま2017」で開催されたセミナー。特設コーナーと対応したロボットセミナーや人材育成など医療・ヘルスケア産業の課題解決に貢献するセミナーが開催されている

●オープニングセミナー:「医療機器の事業化加速と販路拡大」
●最新技術・産学官連携セミナー:「整形外科分野における最新技術&産学連携事例紹介」
●人材育成セミナー:「血管疾患における診断及び治療機器」
●ロボットセミナー:「人支援ロボット開発と産学官連携の取組」

(出典:メディカルクリエーションふくしま実行委員会「メディカルクリエーションふくしま2017ガイドブック」より作成)

表4・2 「諏訪圏工業メッセ2017」で同時開催されたセミナーやイベント。2017年のメッセでは成長が期待されている航空機産業に焦点を当てたフォーラムが開催されている

●長野県おける「航空機産業拡大フォーラム」プレイベント 「長野県の航空産業の取り組みについて」「南信州における航空産業の取り組みについて」 「民間航空機装備品市場の現状と今後について」
● DTF国際ワークショップ in 諏訪
●日本塑性加工学会金型分科会第42回セミナー
●日本塑性加工学会第73回塑性加工技術フォーラム
●全国製造業コマ大戦
●ものづくり現場における保全セミナー
● BiDA2017(地方発のブランドによるプロダクトとデザイン展)

(出典:諏訪圏工業メッセ事務局「諏訪圏工業メッセ2017ガイドブック」より作成)

表4・3 「アジアメディカルショー2018」で同時開催された講演やイベント。開催期間中、多くのセミナーと共に台湾市医療器材商業同業公会と九州医療機器団体連合会との間で姉妹会締結式が行われている

●特別講演1 「医療、介護ロボットの現状と2025年に向けた展望」 「革新的サイバニックシステム"HAL"による機能改善治療と自立支援に向けた取り組み」
●特別プログラム1 「第5回"ヘルスケア産業づくり"貢献大賞表彰式及びヘルスケア産業戦略セミナー2018」
●特別講演2 「生き残るための病院広報- Evidence Based PR の到来-」
●招待講演 「医療におけるトレーサビリティの確立を目指して」
●特別プログラム2 「単回使用医療機器(SUD)の再製造について」 「医療・介護制度改革の惑星直列をチーム医療の視点で整理する」
●特別講演3 「看護職の口腔から全身への健康支援」「周術期口腔機能管理システム」 「妊娠期・周産期における口腔ケア」「地域歯科保健」
●学会・医学研究プレゼンテーション 「情報整理から始めるME安全管理の手法紹介と新しい技士連携について」 「第29回日本創傷・オストミー・失禁管理学会学術集会」 「第16回日本褥瘡学会九州・沖縄地方会学術集会」 「チームで行う長井式植毛と瘢痕性脱毛に対するRigenera最新治療」

(出典:第13回アジアメディカルショー実行委員会「アジアメディカルショー2018ガイドブック」より作成)

同時開催される講演会・セミナー

本章で取り上げている3つの「地方メッセ」では、展示会開催中に来場者や出展者を対象にした講演会やセミナーが開催されており、これらの「地方メッセ」は、各々の地域におけるターゲティング・インダストリーに関する情報や知識の発信と獲得の場になっている（表4・1、表4・2、表4・3を参照）。

特に「アジアメディカルショー2018」では、開催期間中の2日間で特別講演などを含む29本のプログラムセミナーが開催され、主に九州域内からの出展者や来場者にとっては、ヘルスケア産業に関する最新の情報と知識を得るための重要な機会となっている。

4　知識創造からみた「地方メッセ」の可能性

知識創造のフォーカスと時間的範囲

本章の冒頭でも述べたように、テンポラリークラスターとは、一時的に発生するクラスターであり、準永続的に形成が持続されるパーマネントクラスターとは区別される。そこで、知識創造のフォーカスと時間的範囲による組織形態の類型からテンポラリークラスターを位置づけると表4・4のようになる。[*7]

この表からわかるように、テンポラリークラスターは第Ⅳ象限に位置し、知識創造の時間的範囲は「一時的」であり、知識創造のフォーカスは「未来指向型」であるといった特徴を持っている。これに対して、パーマネントクラスター（第Ⅲ象限）は、知識創造の時間的範囲は「準永続的」であり、知識創造のフォーカスは「未来指向型」となる。

一方、企業間プロジェクト（第Ⅰ象限）の知識創造の時間的範囲は「一時的」であり、知識創造のフォーカスは「目的指向型」、また、サプライチェーンなど永続性のある企業間ネットワーク（第Ⅱ象限）の知識創造の時間的範囲は「準永続的」であり、知識創造のフォーカスは「目的指向型」となる。

表4・4　知識創造のフォーカスと時間的範囲による組織形態。テンポラリークラスターは、知識創造の時間的範囲は「一時的」、知識創造のフォーカスは「未来指向型」といった特徴を持っている

		知識創造の時間的範囲	
		準永続的 (Quasi-permanent)	一時的 (Temporary)
知識創造の フォーカス	強　力 (目的指向型)	永続性のある企業間ネットワーク (産業集積、サプライチェーン) 第Ⅱ象限	企業間プロジェクト (共同研究開発、企業間連携) 第Ⅰ象限
	広範囲・普及 (未来指向型)	クラスター (パーマネントクラスター) 第Ⅲ象限	産業見本市、コンベンション、 専門家会議 (テンポラリークラスター) 第Ⅳ象限

(出典：Bathelt, H. and N. Schuldt,"Between Luminaires and Meat Grinders : International Trade Fairs as Temporary Clusters", Regional Studies 42, 2008, pp.853-868、および與倉豊「知識の地理的循環とイノベーション」松原宏編著『日本のクラスター政策とイノベーション』東京大学出版会、2013年、p.47を参考に作成)

　このように、テンポラリークラスターは、パーマネントクラスターと共に、既存の産業集積や企業間プロジェクトとは異なり、将来にとって必要な知識や情報を獲得する「場」としての機能を果たしており、既存の産業集積や企業間プロジェクトに一種の刺激を与える機能、換言すると、地域イノベーションを誘発する機能を持っている。

　つまり本章で取り上げている「地方メッセ」は、テンポラリークラスター機能によって、両地域の既存産業集積や企業間プロジェクトに対して、国内外から未来指向に役立つ情報や知識を獲得するための「場」となっているのである。

バズとグローバルパイプライン

　同じ産業や地域に属する人々の間で伝搬される有用無用の情報のやり取りはバズ(buzz)と呼ばれる。そして、このバズは、必要とされる高度な技術を有している人は誰なのか、最もイノベーティブな人は誰なのか、誰となら一緒に協働できるのかといった「適切な誰かを知ること(know-who)」において最も効率の良い方法とされる。[8]

　ところで、日本国内の産業集積地では、産学官連携活動を通じて地域内企業と公的支援機関や大学・高専といった多様なアクターによるバズ、すなわち、

有用無用の情報のやり取りが行われているが、こうした地域内での情報のやり取りはローカルバズ（local buzz）と呼ばれる。

一方、国際的な見本市のようなテンポラリークラスターでは、バズの活動範囲がより拡大するため、それはグローバルバズ（global buzz）と呼ばれる。グローバルバズによって、テンポラリークラスターに参加している企業やアクターは、自分たちにとって有益な人や企業を知る機会を拡大することが可能になる。

さらに、国内企業と海外企業の知識を結びつけるコミュニケーション・チャネルは、グローバルパイプラインと呼ばれている。換言すると、企業が国際的な見本市といったテンポラリークラスターに参加することは、グローバルパイプラインにアクセスすることを可能にし、新たな知識を獲得する機会を増大させることを意味している。

このように一時的なクラスターであるテンポラリークラスターは、恒常的（準永続的）なクラスターであるパーマネントクラスターの中で発生するローカルバズに比べ、知識獲得の機会を増大させる機能を持っている。つまり、国際的な見本市（展示会）、コンベンションおよび専門家会議ではグローバルバズが発生し、参加している企業やアクター（団体、大学・高専など）が必要とする知識はグローバルパイプラインを通して交換されることになる。

以上の点を踏まえるならば、本章で取り上げている「地方メッセ」では、海外からの企業や団体の出展や参加に加えて地域間の交流事業などが行われていることから、ローカルバズだけでなくグローバルバズが発生している可能性が高く、距離的には離れた場所にある知識と結びつくコミュニケーション・チャネル、すなわち、グローバルパイプラインが構築されているものと考えられる。

加えて、例えばA国（地域）とB国（地域）の2つの国（地域）の交流では、国際的な見本市（展示会）が相互に開催され、各々の企業が相互に出展するケースがみられるが、こうした2つの地域でテンポラリークラスターが"同時的"に発生する状況を筆者は"ダブルテンポラリークラスター"と呼んでいる。

つまり、この"ダブルテンポラリークラスター"は、2つの国（地域）の産業集積内で各々活動している企業やアクターが、相互に情報と知識を交換する

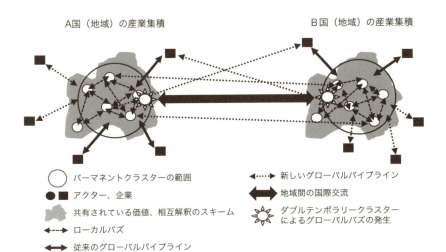

図4・4　ダブルテンポラリークラスターとグローバルパイプライン。2つの国（地域）で同時的に発生するテンポラリークラスターは相互の情報や知識の交換を促すグローバルパイプラインを増加・強化する（出典：Maskell, P., Bathelt, H. and Malmberg, A., Building Global Knowledge Pipelines：The Role of Temporary Clusters, European Planning Studies 14-8, 2006, pp.997-1013 より訳出し作成）

ために必要なグローバルパイプラインの数を増加させたり、既存のグローバルパイプラインを強化することに貢献するのである（図4・4参照）。

「地方メッセ」の強み

　上述したように、3つの「地方メッセ」では、テンポラリークラスター機能によってグローバルパイプラインが構築され、企業やアクターにおける知識創造が可能になっていると考えられるが、この知識創造と関連して、「地方メッセ」には「大都市圏メッセ」にはない強みがある。

　図4・5に示したように、大都市圏メッセに出展している企業やアクター、さらに来場者の数は「地方メッセ」とは比較にならないほど大規模かつ多様である。そのため当然のことながら「大都市圏メッセ」の出展者や来場者がメッセ開催中に獲得した情報や知識の一部は、それぞれの地域（産業集積地）にフィードバックされ、その箇所は海外も含めて「地方メッセ」よりも多岐にわたる。その意味で、「大都市圏メッセ」におけるバズやグローバルパイプラインは、

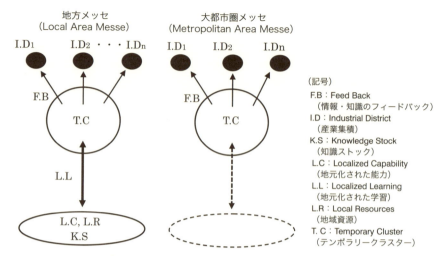

図4・5 地方メッセと大都市圏メッセによる知識ストックの違い。「地方メッセ」では「地元化された学習や能力」を含むさまざまな知識がストックされる

「地方メッセ」に比べて非常に活発であると言える。

しかしながら、こうした「大都市圏メッセ」にはない「地方メッセ」の強みがある。それは、「地方メッセ」が、その地域に必要な知識を蓄積する機能、すなわち、知識ストック（knowledge stock）の機能を有している点にある。特定地域で継続的に開催されている「地方メッセ」は、海外も含む出展者・来場者によってもたらされる情報や知識を地域内に取り込むことで地域イノベーションを誘発する可能性を高めるといった強みを持っているのである。

また、「地方メッセ」では、出展者間のコミュニケーションの時間が、「大都市圏メッセ」よりも豊富である点を指摘することができる。例えば、石橋は「メディカルクリエーションふくしま」について、次のように述べている。「展示会の主目的は、来場者とのマッチング・技術交流であるが、実はもう1つ大切な隠された目的がある。展示会の終了後に開催する展示企業間、地域クラスター間の情報交換、技術交流である。他地域のクラスター企業同士が、協力連携することで互いの課題を解決し、製品化できた事例も生まれている」。[*9]

このように、「地方メッセ」では、出展者と来場者のグローバルパイプライン

を含む多様なコミュニケーション・チャネルによって知識創造が行われ、それらの知識は地域内にストックされる。その結果、その地域に根差した学習や能力（地元化された学習や能力）が向上する。

さらに、開催期間中に出展者やアクター間で行われる情報交換や技術交流は、非取引的相互依存関係（untraded interdependencies）とみなすことができるが、実はこの非取引的相互依存関係こそが、多様な地域イノベーションを発生させる端緒となっているのである。[*10]

5 "地元力"による知識創造と知識ストック

本章では、テンポラリークラスター機能とそこから構築されるグローバルパイプラインの観点から3つの「地方メッセ」の事例を紹介しながら、その可能性を指摘した。特に本章で取り上げた3つの「地方メッセ」では、地元の大学、公的支援機関、あるいは特定非営利法人（NPO）といった地域資源を活用した魅力的なメッセが企画・運営されている。しかしながら、これらの「地方メッセ」の運営・開催が順風満帆に行われてきたわけではない。

例えば、「諏訪圏工業メッセ」では補助金削減が予想され出展者の負担が増加することを受け10回目となる2011年の開催を区切りとして一旦終了することが検討された。しかし、出展者を対象にしたアンケートの結果、9割近くの企業から継続を希望する声が出たことで2012年以降もメッセを継続した経緯がある。[*11]

また、「メディカルクリエーションふくしま」では、2011年3月に発生した東日本大震災によって従来の展示会場である「パレットふくしま」も被災した影響で開催が危ぶまれたが、関係者の方々の努力によって急遽、日本大学工学部キャンパスに会場を変更することでメッセ開催を中断することなく現在に至っている。[*12]

このように、本章で取り上げた「地方メッセ」が継続的に企画・運営され成果を上げている背景には、関係者の方々の粘り強い努力の積み重ねといった

"地元力"の存在がある。現在、日本政府は声高に地方創生を推進しているが、地方創生にとって最も重要なことは、地域が自立的に発展するために必要な知識を自ら創造しストックする能力を身につけることにある。

　本章で取り上げた「地方メッセ」、すなわち、一時的に発生するテンポラリークラスターは、知識創造と知識ストックを促す機能を持っており、特に海外の地域との交流によってグローバルパイプラインが構築されることで、地域自体の学習能力が向上し地域イノベーションが誘発されるのである。

　故に、日本政府には「地方メッセ」のテンポラリークラスター機能によるグローバルパイプライン構築の重要性を認識した上で、中長期的視点に立脚した「地方地域の"地元力"を引き出し、その地域が自立的に発展することを促すための地方創生プログラム」の策定と実践を期待したい。[*13]

[注釈]

* 1　開催事務局の発表によれば、「メディカルクリエーションふくしま2017」の出展者数は227企業・団体、2日間の来場者数は3850人である。なお、同メッセにおけるテンポラリークラスター機能の詳細については、北嶋守「医療機器産業クラスター形成におけるテンポラリークラスターの機能－メディカルクリエーションふくしま（MCF）の事例に基づいて－」『産業学会研究年報』第33号、2018年、pp.145-167を参照

* 2　開催事務局の発表によれば、「諏訪圏工業メッセ2017」の出展者数は422企業・団体、3日間の来場者数は2万7742人である。海外コーナーには、アメリカ、ドイツ、イスラエル、中国、インドネシア、タイ、ベトナム、ブラジル、ジェトロ諏訪などの出展があった。なお、同メッセには、毎回、地元の工業高校や奨学生も参加しており、次世代人材の育成・獲得にも寄与している。詳細については、諏訪圏工業メッセ事務局『諏訪圏工業メッセ2017ガイドブック』2017年10月、および『諏訪圏工業メッセ2017開催速報』2017年10月 http://www.suwamo.jp/info/2017messe-sokuho-1022.pdf（2018年8月1日閲覧）を参照

* 3　開催事務局の発表によれば、「アジアメディカルショー2018」の出展者数は156企業・団体、2日間の来場者数は1万4974人である。詳細については、第13回アジアメディカルショー実行委員会『アジアメディカルショー2018ガイドブック』および『アジアメディカルショー2018結果報告書』2018年、p.11を参照

* 4　調査結果の詳細については、メディカルクリエーションふくしま実行委員会『メディカルクリエーションふくしま2017ガイドブック』2017年10月、メディカルクリエーションふくしま実行委員会『メディカルクリエーションふくしま2017開催報告書』2018年 http://fmdipa.jp/mcf/pdf/mcf2017.pdf（2018年8月10日閲覧）を参照

* 5　調査結果の詳細については、一般財団法人長野経済研究所『諏訪圏工業メッセ2016の開催効果に関する調査・最終報告書』2017年、p.19を参照

* 6　調査結果の詳細については、第13回アジアメディカルショー実行委員会『アジアメディカルショー2018結果報告書』2018年、p.11 http://13thams.com/files/13th_report.pd（2018年8月10日閲覧）を参照

* 7　この類型については、Maskell, P. Bathelt, H. and Malmberg, A., "Building Global Knowledge

Pipelines: The Role of Temporary Clusters", *European Planning Studies*, 14-8, 2006, pp.997-1013 を参照

＊8 バズ、グローバルパイプラインの概念については、Asheim, B.T., "Differentiated Knowledge Bases and Varieties of Regional Innovation System", *Innovation: The European Journal of Social Science Research*, 20, 2007 を参照

＊9 石橋毅「医療機器産業集積による福島復興」山﨑朗編『地域創生のデザイン』中央経済社、2016 年、pp.67-91

＊10 これらの理論的展開については、例えば、Storper, M., "The Resurgence of Regional Economics", *Ten Years Later, European Urban Regional Studies*, 2, 1995, pp.191-221 を参照。なお、この非取引的相互依存関係とは、経済的行為に含まれない社会的行為を意味していることから、近年、研究が盛んなソーシャル・キャピタル（社会関係資本）の一種とみなすことができる。ソーシャル・キャピタルについては、例えば、稲葉陽二『ソーシャル・キャピタル入門－孤立から絆へ－』中央公論新社、2011 年を参照

＊11 「諏訪圏工業メッセ」の経緯については、與倉豊「地方開催型見本市における主体間の関係性構築－諏訪圏工業メッセを事例として－」『経済地理学年報』第 57 巻、2011 年、pp.221-238 を参照

＊12 「メディカルクリエーションふくしま2011」は、大震災の影響を受け、翌年の 2012 年 2 月 21 日から 22 日の開催となった。『日刊工業新聞』2012 年 1 月 27 日付け掲載記事を参照

＊13 同様の主張については、以下の拙稿論文を参照。北嶋守「地方メッセにみられるテンポラリークラスター機能」『日経研月報』Vol. 480、2018 年、pp.26-32

5章 九州におけるクラウド時代のスマートシリコンクラスター

岡野秀之

I 成長する九州の半導体産業

新しい成長ステージに入った半導体産業

　2017年、世界の半導体業界は新しいステージに入った。WSTS（世界半導体市場統計）によると、2017年の半導体デバイス（半導体）の世界市場は4122億ドルと対前年21.6％増の二桁成長を記録し、史上初めて4000億ドルの大台を突破した。半導体製造装置や半導体の基板であるシリコンウエハの出荷面積などの関連業界も好調である。シリコンウエハ大手のSUMCOでは、シリコンウエハ不足に乗じて「18年度に2年連続で前年比2割の値上げを顧客にのませ、19年度も1割の値上げを計画」*1 しているという。この爆発的な半導体の需要を支えているのは、スマートフォン、自動車、ロボットといった技術や製品である。さらに、仮想通貨によるデータマイニング市場でのデータセンターやGPU（Graphics Processing Unit：画像処理・並列演算プロセッサ）なども半導体需要を支えている。

　今後は、多くの機器がインターネットにつながるIoT/AI社会を実現する無線通信、センサー、AI、クラウドコンピューティングなどの社会基盤をなす情報

インフラ投資が加速する。情報社会、電脳社会、知識社会の本格化とともに、それらの実現を支えるキーテクノロジーとなる半導体は、4年周期のシリコンサイクルから40年程度の長期周期となる「スーパーサイクル」[*2]へと移行したという見方もある。

シリコンクラスターの誕生と発展

◆九州に立地する半導体関連企業

　九州に初めて半導体工場（三菱電機）が立地したのは、1967年であった。それから50年以上が経過した。半世紀の時間をかけて、九州には1000社以上の半導体関連企業が立地し、それらの企業間には相互取引関係が生まれ、シリコンクラスター（半導体産業クラスター）を形成するようになった（図5・1）。

　九州シリコンクラスターは、半導体の設計（デザインハウス）、半導体製造（前工程・後工程・テスト）、半導体製造装置、半導体の部品や材料といった多様なサプライチェーンに基づくエコシステムを形成している。九州に立地している主要な半導体メーカーは、イメージセンサーを中核とするソニーセミコンダクタマニュファクチャリング、パワー半導体を中核とする三菱電機パワーデバイス製作所やローム・アポロ、車載マイコンを中核とするルネサスセミコンダクタマニュファクチュアリング、各種センサーを中核とする旭化成マイクロシステムやラピスセミコンダクタである。

　半導体装置メーカーとしては、コータ／デベロッパなどの東京エレクトロン九州、スパッタリング装置や真空蒸着装置のアルバック九州などの大手メーカーに加えて、売上高100億円クラスの地場中堅企業も複数存在している（図5・2）。

　材料メーカーは、シリコンウエハ大手のSUMCOをはじめとして、フォトレジストのJSRマイクロ九州や東京応化工業などが立地している。九州内での取引関係にとどまらず、装置や材料メーカーの多くは、グローバルな取引を行っている。

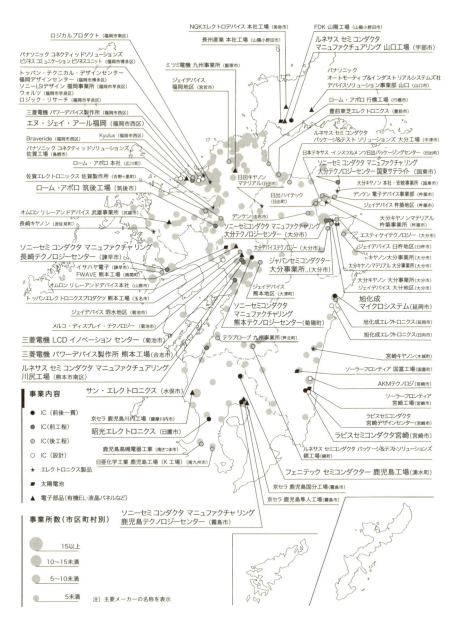

図5・1　九州の主要半導体工場の立地状況（出典：九州経済調査協会「図説 九州経済2019」に加筆）

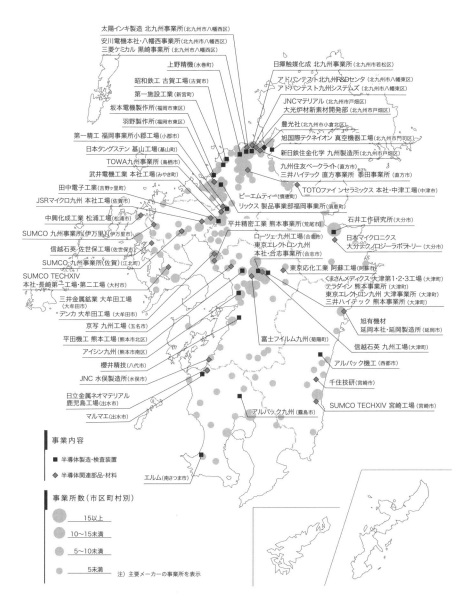

図5・2 九州の主要半導体装置・材料事業所の立地状況（出典：九州経済調査協会「図説 九州経済2019」に加筆）

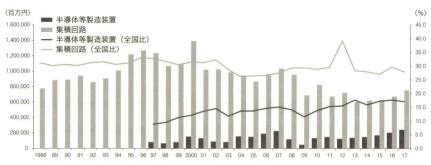

図5・3 九州の半導体（集積回路）・半導体製造装置の生産動向と全国シェア（出典：経済産業省「生産動態統計」）

◆国内半導体産業の重要な拠点へ

　九州経済産業局「生産動態統計調査」によると、半導体の中核をなす集積回路の生産金額は、2017年で7532億円、半導体製造装置の生産金額は2442億円となっている（図5・3）。対全国比は、それぞれ27.9％と17.1％であり、1割経済と言われる九州の経済規模を大きく上回り、日本の半導体産業にとっての重要拠点となっている。そして、集積回路は4年連続、半導体製造装置は5年連続で対前年を上回り続けている。直近の2017年はいずれも二桁成長となっており、九州の半導体産業もまた、世界のスーパーサイクルの波を受けて2016年頃から新しい成長ステージに入っている。

基盤産業としての半導体産業

　経済産業省「産業連関表」によると、九州の移・輸出額のトップは、1970～1990年までは「鉄鋼製品（鉄鋼圧延製品）」であった。しかしながら、2000年には半導体を含む「その他電子・通信機械」が1兆円を超えてトップとなった。その後、2005年には「乗用車」が9919億円でトップとなり、「電子部品」は9695億円の僅差で第2位となった。1990年代あたりから、九州の半導体関連産業は、自動車産業や鉄鋼業などとともに、九州域外から所得を稼ぐ「基盤産業（Basic Industry）」としての地位を確立している。

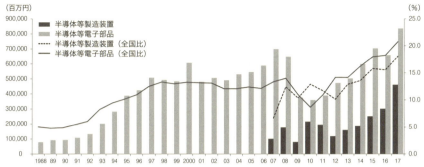

図5・4 九州の半導体(半導体など電子部品)・半導体製造装置の輸出動向。九州の港湾・空港で通関をした財の輸出額を示すため、すべてが九州で生産されたものではない。また、九州で生産されたものでも、九州外の港湾・空港で通関をする財も多くある(出典:財務省「貿易統計」)

　財務省「貿易統計」によると、2017年の九州の半導体等電子部品(半導体以外の電子部品も含む)の輸出額は8360億円であった(図5・4)。輸出先は、中国・香港約40%、韓国約25%、ASEAN約20%と、アジアで85%を超えている。九州の半導体は、シャープを買収したホンハイなどのアジアのEMS(Electronics Manufacturing Service:電子機器の製造受託サービス)向けに出荷されている。また、2017年の九州の半導体等製造装置の輸出額は4611億円であった。輸出先は中国約60%、韓国約30%となっており、12インチラインを有する最先端半導体工場への投資が旺盛な中国と韓国に集中している。九州の半導体産業は、国内市場だけでなく、アジアの半導体産業の発展と連動しつつ、成長するようになっている。

2　エコシステムの構造変化

系列型垂直分業の時代

◆半導体産業の勃興と国際競争

　九州の半導体産業のエコシステムは、国際政治、テクノロジードライバー、ビジネスモデル、日系半導体メーカーの再編などに翻弄されながら変質してきた。

半導体産業勃興期の1970年代、半導体のテクノロジードライバーは、ワークステーションや民生用家電であった。1980年代になるとAV機器やPCが加わり、半導体製品と半導体市場の多様性が増大した。家電やAV機器に競争優位性のあった日本の総合電機メーカーは、自社製品の競争力を高め、他社との差別化を図るために、半導体を内製化した。その結果、1980年代には日系メーカーの半導体の世界シェアは4割に達して最盛期を迎える。

　この状況に危機感を抱いたアメリカは、日本製半導体製品のダンピング輸出防止と外国製半導体製品の日本でのシェア拡大を目的に、1986年に日米半導体協定を締結させた。1987年には、日本の超LSI技術研究組合をモデルとして、アメリカの主要半導体メーカーと国防総省が連携した官民合同の半導体製造技術研究組合セマテック（Semiconductor Manufacturing Technology）も設立した。

　さらに、1985年、プラザ合意によって急激な円高が進んだことも重なり、1980年代後半から日本の半導体の輸出競争力は急激に低下した。このため、日系メーカーは海外での工場立地を加速させ、韓国や台湾の外資との結びつきを強めた。半導体の一種であるメモリーの海外移転は、現地のアジア企業に技術指導をしながら進められた。これがその後の韓国や台湾メーカーの台頭のきっかけの1つとなった。

◆九州のおける半導体エコシステムの誕生

　九州では、1970年代の工業再配置政策や空港の整備、1980年代〜90年代前半のテクノポリス政策や頭脳立地政策もあり、大手半導体メーカーの立地が進んだ。総合電機メーカーの半導体事業部門やその子会社である大手半導体メーカーは、資本集約的な前工程（プロセス工程）に特化し、労働集約的な後工程（パッケージング工程）を外部化した。この分業体制の採用によって、九州では地場資本に基づく後工程の半導体メーカーが生まれることとなった。これが系列型垂直分業である。大手半導体メーカーの成長に牽引されながら、エコシステムも成長していった。

　九州の半導体産業のエコシステムの姿は、1975年までは大手半導体メーカーの進出と地場協力企業の勃興（創生期）、1976〜1985年は系列垂直統合の形成

と地場装置・部材メーカーの参入（成長期）と整理できる。[*3] 大手半導体メーカーをアンカー企業とするピラミッド型のエコシステムと捉えられる。しかし、1980年代半ばの大手半導体メーカーの海外展開政策へのシフトにより、このピラミッド型のエコシステムは、大きな転機を迎えることになる。

関連産業への展開と自立化の時代

◆水平分業モデルの登場と事業再編

　1990年代になると、新たなテクノロジードライバーとして携帯電話、モバイル機器（ノートPCや電子手帳・辞書）、デジタル家電が加わった。2000年代になると、インターネットが普及し始め、グラフィカルな家庭用ゲーム機、スマートフォンが登場した。

　デジタル化の進展は、新たなビジネスチャンスを創出したが、多様な事業を展開する日本の総合電機メーカーと、半導体事業に特化したアジアの半導体専業メーカーの間には、投資力や投資スピードに大きな差が生じるようになった。台湾や中国は、国策として半導体産業に補助金などの優遇措置を実行したこともあり、日系メーカーはコスト競争力を喪失した（3章参照）。

　また、アメリカで半導体を設計し、台湾で半導体の製造を行うというグローバルな水平分業モデルも登場した。さらに、台湾のTSMCやUMCなどの半導体前工程の受託製造企業（ファンドリー）とASEやアムコー・テクノロジーなどの半導体後工程の受託製造企業（OSAT）といった、半導体専業メーカー間における工程分業モデルも生まれた。この流れを受けて、日系の半導体メーカーも2000年のITバブルを契機として大幅に再編された（図5・5）。総合電機メーカーからの分社化と合併を進め、事業領域、すなわち主力製品の絞り込みを進めた。

　その一方で、日系の半導体製造装置メーカーや半導体材料メーカーが成長するようになった。海外の半導体専業メーカーは、日本製の半導体製造装置や半導体材料を使用した。台湾のファンドリーやOSATといった水平分業モデルは、高い性能を有する日本製の装置や材料を購入することで実現したのである。九

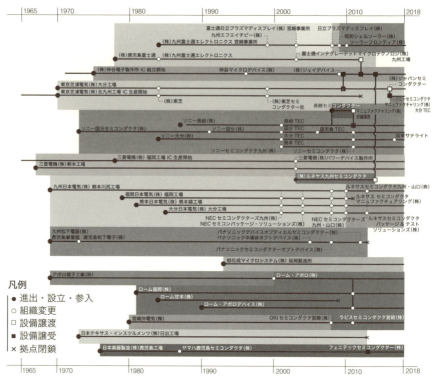

図5・5 九州に立地する大手半導体メーカーの再編の構図 （出典：九州経済調査協会「九州経済調査月報」2018年11月）

州は全国の約3割の半導体を生産していたため、半導体製造装置や半導体材料の工場も多数立地していた。半導体メーカーに派遣していた装置や材料メーカーのエンジニアリングやメンテナンス人材の集積がポテンシャルとなり、工場立地に繋がっていったのである。

◆地域産業の付加価値向上と自立化に向けて

この時期、地域産業政策も大きな転換を迎えた。それまでの工場誘致を軸とする産業立地政策と異なり、1990年代後半の地域産業集積活性化政策と新事業促進政策、2000年代初頭からの産業クラスター・知的クラスター政策では、技術開発力の向上や新事業の創造といった地域産業の付加価値向上と自立化を主軸に据えた。

九州では、地場の中小企業に対して、主に半導体装置分野において政策的な研究開発支援が実施された。ベンチャー企業に対しては、半導体設計に係る研究開発と人材育成プログラムが展開された。設計ツールや検査装置・計測装置の整備なども進められ、研究開発、商品開発力の向上が目指された。九州の半導体産業のエコシステムの姿は、1986〜1995年は国際競争の激化とR&D・関連産業への展開（成熟期）、1996〜2005年は新事業への展開と地場企業の自立化・国際化（自立期）と位置付けられる。[3] 九州シリコンクラスターは、当初の半導体製造という単線構造から、製造装置や高機能素材へと複線化しつつ、さらに設計や研究開発、次世代商品開発能力を有する地場企業の自立化へと進化している。

特定半導体拠点化とグローバル結合の時代

◆情報インフラ市場の登場による新たな成長ステージ

　2010年代になると情報端末であるスマートフォンの機能高度化と世界的な普及に加えて、インターネットとクラウドという情報インフラ市場が拡大し始める。さらに、自動車のEV化やインテリジェンス化（自動運転・運転アシスト）、ITS（高度道路交通システム）、そしてAI、ロボット、IoTも進展し始めている。

　クラウドでビッグデータを処理する時代には、データの収集、伝送、記憶、処理が求められ、それぞれセンサーデバイス（CIS、MEMS）、無線通信デバイス（Bluetooth、Wi-Fi）、大容量メモリーデバイス（NAND、DRAM）、高速演算デバイス（FPGA、MPU、GPU、AP）を必要とする。さらに、これらの大量の電力を使用するため、省エネルギーデバイス（パワー半導体）の性能向上も求められている。

◆個性化・差異化による競争力の獲得

　九州では、1980年代から90年代にかけてDRAMなどのメモリー系半導体に加えて、マイコンやASICなどのロジック系半導体の生産を主力としていた。だが、総合電機メーカーによる半導体事業のリストラによって、九州でのメモリー生産はほとんど行われなくなっている。先述したように、現在の主要製品

は、イメージセンサーとパワー半導体、車載用マイコンである。ソニーのイメージセンサーは、最先端のプロセスを必要としているが、その他のデバイスは、成熟したプロセスであり、高い品質、歩留まりやコストでの競争となる。

　水平分業モデルが進むなかで、日系の半導体メーカー各社は半導体専業メーカーとなり、製品の絞り込みを行うなど、個性化と差異化を進めて競争力を確保している。得意分野を確立することで、世界の幅広い顧客との取引関係を構築し、協業・分業が下請け関係からパートナー関係へと変化しはじめている。半導体貿易の拡大にみられるように、九州シリコンクラスターのエコシステムは、域内で閉じられたものではなく、グローバルな産業クラスターを形成しつつある。

3　クラスター政策の成果と課題

九州シリコンクラスター計画

　九州は、2000年代に経済産業省の産業クラスター計画と文部科学省の知的クラスター創成事業を組み合せ、九州シリコンクラスター計画を策定した。この計画の目的は、システム LSI（SoC, SiP）というロジックとメモリーを融合した高度な半導体設計・開発・製造拠点づくりにあった。

◆産業クラスター計画（経済産業省）

　産業クラスター計画は2001年度から開始された。これは「地域の中堅中小企業・ベンチャー企業が大学、研究機関などのシーズを活用して、産業クラスター（新事業が次々と生み出されるような事業環境を整備することにより、競争優位を持つ産業が核となって広域的な産業集積が進む状態）を形成し、国の競争力向上を図る」[*4]ことを目的としていた。九州シリコンクラスター計画における中核機関の役割を担ったのは、九州半導体・エレクトロニクスイノベーション協議会（SIIQ：発足時の名称は、九州半導体イノベーション協議会）である。

◆知的クラスター創成事業（文部科学省）

　2002年から開始された文部科学省の知的クラスター創成事業は、「地域のイニシアティブの下で、地域において独自の研究開発テーマとポテンシャルを有する大学をはじめとした公的研究機関などを核とし、地域内外から企業なども参画して構成される技術革新システム」[5]の形成を促進し、世界レベルの技術革新によって地域活性化を目指す事業である。産業クラスター計画よりも科学技術政策的側面が強い事業であり、九州では、情報通信分野において福岡地域と北九州学術研究都市地域の2地域が指定を受けた。[6]

クラスター政策によるインパクト

◆企業立地・事業創出とインキュベート機能の根付き

　経済産業省と文部科学省が連携したクラスター政策は、世界各国の産業政策と比較すると予算規模は小さいものであったが、九州の半導体エコシステムに大きなインパクトを与えた。例えば、福岡県内で1990年に65社であった半導体関連企業は、2018年には417社になるなど、新たな企業立地が進み産業の厚みが増した。[7]また、研究開発系の補助事業を通じて地場企業の技術開発力が高まり、産総研との共同研究を通じて開発したミニマルファブ（p.100）によってファンドリービジネスを模索するピーエムティーのように、地場企業の新たな事業展開に向けた布石が打たれた。

　さらに、半導体開発に必要な評価用TEG（Test Element Group）ビジネス[8]のウォルツやメッシュネットによる無線LANシステムのPicoCELAのように、産学連携によるベンチャー企業も多数創出された。国際会議の開催や海外の展示会への出展など、技術交流を通じた域外との関係性の構築（グローバルパイプラインの形成）という面においても効果が発現したと考えられる。産業クラスターは2009年、知的クラスターは2011年にそれぞれ終了したものの、クラスター政策のレガシーとして、SIIQのような半導体産業に特化した専門性の高い産業支援機関や、後述するシステムLSI総合開発センター（現ロボット・システム総合開発センター）などの研究開発機能が地域に根付いた。これらの機

関は新規立地や新事業展開、新技術開発のインキュベーター（孵化器＋駆け込み寺）としての役割を担うようになった。

◆インキュベーターとしての支援機関

SIIQ は、企業系列という縦型の企業間関係を、系列を超えた地域内のヨコのネットワークへと転化させる触媒的機能を果たした。大手半導体メーカーと地場中堅企業が情報交換の場を設け、系列を超えた交流や取引を行うことによって、最先端の技術情報が九州にもたらされ、また新しい事業展開のためのシーズも創出された。情報交換の場となったのは、全九州半導体技術フォーラム、技術創造研究会、ビジネスアライアンス研究会である。また、知的クラスター創成事業との連携を図るため、「九州地域クラスター合同成果発表会」が開催され、九州で誕生しつつある新技術や新ビジネスについての情報交換と情報共有も進められた。

知的クラスター創成事業の中核支援機関となったのは、ふくおか IST（福岡県産業・科学技術振興財団）と FAIS（北九州産業学術推進機構）である。ふくおか IST は、福岡市にシステム LSI 総合開発センターを、糸島市に三次元半導体研究センターと社会システム実証センターを設置した。FAIS は、北九州学術研究都市に半導体・エレクトロニクス技術センターを設置した。北九州学術研究都市には、北九州市立大学国際環境工学部、同大学院国際環境工学研究科、九州工業大学大学院生命体工学研究科、早稲田大学大学院情報生産システム研究科、福岡大学大学院工学研究科が立地している。これらの4大学には半導体関連の研究者がおり、キャンパス内においても産学連携プロジェクトが実施された。

また、システム LSI 総合開発センターには、半導体設計に必要な設計ツールが整備され、FAIS の半導体・エレクトロニクス技術センターと九州工業大学マイクロ化総合技術センターには、半導体前工程の試作ラインが設けられ、これまで九州に少なかったデザインハウスの誘致や育成に寄与した。

◆頭脳なきシリコンアイランドからの脱却

九州の半導体産業の最大の課題は、大手半導体メーカーや大手装置メーカー

の本社、意志決定機能（マイケル・ポーターの言う「アンカー企業」）が存在しない点にあった。そのため、半導体工場が集積した「頭脳なきシリコンアイランド」と揶揄されてきた。これまでの歴史的経緯からもわかるように、九州の地場の半導体関連企業は、大手メーカーの事業戦略の転換に翻弄されてきたと言える。しかし、そのことが逆に系列からの自立やグローバル化という道を選択させる要因となった。九州の中堅企業は、国内大手企業に製品を納入するという間接的なグローバル化から脱却し、自らグローバルビジネスを展開し、域外のカスタマーと取引するようになったのである。クラスター政策は、この自立化の動きを後押しした。

　SIIQは、セミコンジャパンやセミコン台湾など、九州域外や海外で開催される展示会や技術商談会へ、地場企業の参画を促してきた。九州が強みとしている半導体実装技術にフォーカスした国際会議であるMAP（Microelectronics Assembling and Packaging：半導体実装国際ワークショップ）も九州で開催されるようになり、地場企業の国際展開を下支えした。

◆実装技術の国際標準化とビジネスコンソーシアム

　半導体実装分野の研究開発拠点として、2011年に糸島市に三次元半導体研究センターが設立された。三次元実装の試作、評価、試験を一貫して行える世界で唯一のセンターである。このセンターでは、半導体実装に係るプリント基板メーカーや材料メーカー、TEGメーカー、設計ツールメーカーなど11社が結集して研究開発を進めている。具体的には、部品内蔵基板の工法、試験方法、設計ルールを研究しており、それぞれ国際標準を獲得し、日本メーカー主導のグローバルビジネス展開へと結びつけることを目指している。2015年5月には、国際電気標準会議（IEC）において、研究成果の1つである「電子回路の部品内蔵基板に関する国際標準規格1（部品内蔵基板技術に関する用語や仕様、試験方法等）（JPCA-EB01、IEC62878-1）」が国際標準規格として承認された（図5・6）。「技術で勝って商売でも勝つ」仕組みとして、日本の半導体の設計、材料、装置の技術力を結集した国際標準の獲得とビジネスコンソーシアムの形成を図っている。

図5・6　EB01 国際標準成立書類

クラスター政策の課題～求められる政策の連結と継続性～

　本章で論じてきたように、クラスター政策を起爆剤として、九州の半導体産業が新しいステージに上がったことは事実である。だが、文部科学省と経済産業省間の垣根、事業の指定エリア間の垣根、事業間の垣根という3つの「垣根」は完全に取り払われたわけではない。

　産業クラスター計画と知的クラスター創成事業の連携は、事業の終盤においては図られるようになってきた。しかし、産業クラスターが地域産業政策であり、知的クラスターが地域科学技術政策という出自の違いがあり、両者の垣根は完全には取り払われなかった。特に、資金の出所や事業目的が異なるとはいえ、知的クラスターで生み出された技術シーズを産業クラスターによってビジネス化・事業化に繋げるといった事業連結が充分に実現しなかったのは残念であった。産業クラスターによって九州各県に「クラスターコア」が設置されたが、補助事業の受け皿は県の産業振興部署や県の産業支援機関であるため、テクノポリス計画と同様、県境を超えた連携や協業が起こりにくいという課題も生じた。

　それに対して、SIIQは県境を越えた連携を促しており、その点は高く評価できる。しかし、クラスター政策の終了時には活動資金の激減という問題に直面した。中核機関への補助金は徐々にカットされ、国からは会費による運営とい

う自立化の道が求められた。2012年からは、会員交流会などネットワーク交流事業を積極的に推進し、会員数、会費収入増加に努め、新成長産業や地域中核企業の創出などの補助金などにより安定財源を確保し、活動を活発化させている。

　知的クラスター創成事業も5年間という短い研究期間が設定されていたため、事業終了とともに研究開発が中断し、グローバルなビジネス人脈も切断され、事業をコーディネートしていた優秀なコーディネーターは域外へ流出し、求心力が大幅に低下してしまった。補助金の使いにくさも問題ではあったが、それ以上に事業後の継続性を一定程度担保するための資金的な激変緩和措置や安定財源の確保は必要不可欠である。資金の単年度主義や目的主義について、地域特性に合わせた柔軟な活用については再考すべきである。政府主導事業の予算は終了しても、地域での研究開発活動やビジネスは継続しているのである。

4　ポストクラスター政策の新たな動き

ポストクラスター政策のキーワード

◆地域未来牽引企業

　ポスト産業クラスター政策として経済産業省が打ち出した政策は、地域未来投資促進法である。この法律は、地域中核企業を底上げし、地域の未来を託すことのできる地域未来牽引企業（2148社を認定）へと発展させることを目的としている。九州には、先に示したピーエムティーに加えて、ワイヤレスモーションセンサーのロジカルプロダクトやIoTデバイスのBraveridge、クリーンエレベーターの第一施設工業、FAメカトロの武井電機工業、パワーモジュールのイサハヤ電子、精密ハンドラーの櫻井精技、半導体試作開発の大分デバイステクノロジー、半導体評価解析のデンケン、真空ポンプのアルバック機工など、地域未来牽引企業に指定されている半導体関連企業も多く、今後は、これらの支援策と連動させながら半導体産業の振興が図られるとみられる。

◆地域イノベーション戦略支援プログラム

　さらに、ポスト知的クラスター創成事業として2012年から文部科学省が立ち上げたのが地域イノベーション戦略支援プログラムである。福岡地区は「福岡次世代社会システム創出推進拠点」として採択され、ベンチャー企業設立支援とシステム化技術人材育成、三次元半導体実装の開発支援と国際標準化の獲得を目標として事業が開始されている。[*9] システム化技術対応人材とは、ハード、ソフト、サービスを複合化させたシステム化技術に対応できる人材を指しており、これまでのシステムLSI設計に特化した人材育成の枠組みを大きく拡大している。

　九州における半導体産業のポストクラスター政策のキーワードは、産業融合、スマートファクトリー、システムデザイン、三次元実装、有機EL材料革命、ミニマルファブおよび開発型ニッチデバイスである。

SDGsを目指した事業形成と産業融合

　SIIQは、2016年に2020年を目標年次と掲げる活動コンセプト「オープンイノベーションによる九州発ソーシャルデバイスの創出〜九州発デバイスが世界を変える〜」をまとめた。[*10] それらは、オープンイノベーションの推進、コトづくりビジネスへの変化、モノづくりビジネスの変化の3つである。国連によって示されたSDGs（持続可能な開発目標）の課題解決領域を成長領域と意識し、ベンチャーとの協業やビッグデータ利活用などが図られるように、人材育成の強化、R&Dの推進、オペレーション改革（スマートファクトリーの推進による生産性向上）の実現が強く意識されている。

◆産業融合によるソーシャルデバイス・ビジネスづくり

　「Society5.0の実現には、産業ごとの発展ではなく、各産業（IT/エレクトロニクスに限らず）が繋がり新たな価値を創出していくことが肝要」[*11] との認識にもとづき、産業融合をキーワードとした新たなビジネス・サービスの形成支援に力を入れる。具体的には、半導体産業と自動車産業の融合（自動車の電動化とインテリジェンス化）、IoT/AIによるセンシングビジネスとの融合（スマー

トファクトリー、農業、ロボット、医療など）などである。社会課題の解決を目指す「ソーシャルデバイスの創出」を意識して、2016年12月には「九州センサーフォーラム」を開催し、イノベーション創出部会では「成長分野展開セミナー」や「成長分野展開研究会」を開催するなどして、異業種間連携や産学官連携の促進を図っている。

◆システム技術の応用による事業ポートフォリオづくり

これまでと同様、今後とも注力すべき領域は、半導体製造の要となる装置や材料技術である。これらの装置や材料技術を基盤技術としながら、システム技術のヨコ展開（半導体産業以外の事業への応用）、すなわち自動車電装産業、医療・介護・ヘルスケア産業、ロボット・スマートファクトリー産業などへの展開を戦略的に目指すこととなる。複合的な事業ポートフォリオの形成によって、地場中堅企業の経営の安定化と技術力の向上が実現する。もちろん、モノづくりに限定されず、コトづくり(サービスづくり)も支援対象としている。

デザインハウスの集積と三次元半導体の開発

ふくおかISTは、クラスター政策を発展継承し、システム技術人材の育成、半導体ベンチャー企業の支援、半導体実装技術の高度化、社会システム実証の推進、有機EL実用化の推進を事業の柱に据えた。政府主導のAIチップ開発の受け皿となる準備も進めている。

◆システム技術人材育成

ふくおかISTでは、ロボット・システム開発センター（旧システムLSI総合開発センター）において、日本で唯一のシステム開発人材講座「システム開発技術カレッジ」を開講している。2001年に「システムLSIカレッジ」として開校以来、1万7000名を超える受講者がおり、2017年も過去最高の1752名の受講があった（図5・7）。2016年にカリキュラムを改変し、ブロックチェーン、AI/機械学習、画像認識、言語処理、データサイエンスなど、川下のサービス構築に必要な最新技術に関する講座も加えられている。

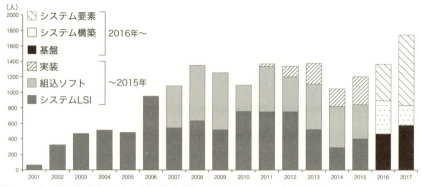

図5・7　システム開発技術カレッジの受講者数（出典：福岡県産業・科学技術振興財団）

◆ベンチャー支援

　半導体ベンチャー支援については、これまでに整備したロボット・システム開発センター、三次元半導体研究センター、社会システム実証センターの3つのセンター合計で、2018年時点において100社を超える卒業企業と、73社の技術系ベンチャーの入居がある。[*12] これらのセンターには、事業のアクセラレートに必要な設計ツールやエミュレーター、検証機器が整備されている。最先端の半導体設計ツールやLSIテスター、Si試作検証ラインも利用可能である。今後は支援対象企業の領域を、半導体からソフトウエアやセット機器開発、社会実装に向けた実証などにも拡大する予定である。

◆三次元実装技術高度化

　半導体実装技術に関しては、引き続き国際標準化を目指している。2017年10月に「電子回路の部品内蔵基板に関する国際標準規格2（部品内蔵基板を設計する際の三次元データフォーマットに関する国際標準化）」が提出済みとなっており、現在審議中である。さらに、2019年10月には「三次元電子モジュールに関する国際標準規格3（積層三次元電子モジュールの外形と電気的接続性の評価方法）」も提案予定であり、九州は半導体実装技術をグローバルにリードしつつある。

◆ AI チップ開発

　AI チップ開発に関しては、国立研究開発法人新エネルギー・産業技術開発機構（NEDO）事業によって産業技術総合研究所と東京大学大規模集積システム設計教育研究センター（VDEC）が進めている「AI チップ開発加速のためのイノベーション推進事業」がある。この中で、ふくおか IST は 2017 年に「AI チップ開発のための検証環境整備事業」のサテライト拠点に指定された。2018 〜 2022 年で「AI チップ開発の共通基盤技術の開発」にふくおか IST が共同実施者として選定され、ロボット・システム開発センターに AI チップの開発環境が整備される予定である。これにより、デザインハウスの事業拡大や企業誘致、ベンチャー創業などに大きな期待が持たれている。

有機 EL 材料革命とイノベーション

◆ 研究開発の加速を促した FIRST Program

　クラスター政策以降、半導体産業から派生した領域として有機 EL（次世代有機光エレクトロニクス）の研究開発が進展している。九州大学の安達千波矢教授の提案した「スーパー有機 EL デバイスとその革新的材料への挑戦」プログラムが 2009 〜 2013 年の間、内閣府総合科学技術会議の FIRST Program（最先端研究開発支援プログラム）に採択された。この FIRST Program によって、蛍光材料（第 1 世代）、リン光材料（第 2 世代）を超える第 3 世代の高効率発光材料「TADF (Thermally Activated Delayed Fluorescence：熱活性化型遅延蛍光)」の開発がなされた。TADF は、レアメタル（インジウム）を使用しないために、理論上は 100％のエネルギー変換効率が可能となっている。

　これらの R&D 拠点は、九州大学最先端有機光エレクトロニクス研究センター（OPERA：最先端材料の創製拠点）、福岡県産業・科学技術振興財団（ふくおか IST）有機光エレクトロニクス実用化開発センター（i3-OPERA：実用化技術開発ならびに技術の橋渡し拠点）、九州先端科学技術研究所（ISIT）、福岡市産学連携交流センター（デバイス作製技術の応用研究拠点）、そして熊本県くまもと有機薄膜技術高度化支援センター（Phoenics：装置プロセス開発の実用化

研究拠点）である。

◆ 実用化の鍵を握るポスト FIRST Program と Kyulux

ポスト FIRST Program として、文部科学省「地域イノベーションエコシステム形成プログラム」をもとに、TADF による有機 EL の実用化が目指されている。材料開発は九州大学と化学メーカー、デバイス化は平田機工などの製造装置メーカーが担当しており、半導体関連の材料開発や装置開発で培った知見がヨコ展開されている。

また、TADF 材料の実用化を進めるために、九州大学最先端有機光エレクトロニクス研究センター（OPERA）の研究開発成果の独占実施権を得て、応用研究や知財戦略、販売戦略（供給契約）を担当する Kyulux が 2015 年に設立された。[*13] Kyulux では、発光材料として TADF を使用するのではなく、第 1 世代の蛍光材料のアシストドーパントとして活用する、超蛍光（ハイパーフルオレッセンス）技術（第 4 世代技術）の実用化を進めている。すでに優れた寿命や発光波長を実現している既存の蛍光材料の性能を飛躍的に高めるという成果を得ており、半導体メーカーや材料メーカーから注目されている。

2018 年 9 月には Kyulux と韓国のサムスン電子との技術提携が発表され、話題となった。すでに国内外のメーカーへのサンプル出荷もなされており、TADF 材料の量産化やその応用による製品化が日の目を見るのは遠くないであろう。TADF 材料は、未来のディスプレイ、照明用材料として期待が高い。

ミニマルファブというイノベーション

◆ ミニマルファブの誕生

産学連携や企業間連携によって、大口径・微細加工・巨大装置産業化というこれまでの半導体産業の常識を根底から覆す「ミニマルファブ」という新たなビジネスモデルが誕生しそうだ。

ミニマルファブとは、0.5 インチウエハによる多品種少量生産システムである。最先端半導体工場には数千億円規模の設備投資額が必要である。だが、ミニマルファブは 1/1000 の 5 億円程度で建設できる。投資規模を大幅にスケール

ダウンできると同時に、超コンパクト、省スペース、低コスト（ランニングコスト含む）な半導体生産ラインである。

2012〜2014年に産業技術総合研究所（産総研）を中心に、国家プロジェクトとして開発が進められてきたが、いよいよ実用化の段階に入りつつある。九州の半導体関連企業も、マスクレス露光装置のピーエムティーやマイクロバンプボンダーのアドウェルズのなどが専門的な技術を背景に、このプロジェクトに参画している。大企業を集めて1976年から開始された「超LSI技術研究組合」を考えると、まさに隔世の感がある（3章を参照）。

◆ミニマルファブを活用した3DIC開発体制の構築

産総研九州センターは、2011年3月に「ミニマル3DICファブ開発研究会」を設置し、戦略的基盤技術高度化支援事業（サポイン事業）などを活用して、ミニマルファブ仕様の3DIC（異種積層）化とパッケージング装置を開発している。2015年10月には「ミニマルファブ・ショールーム」を開設した。2017年8月には「九州IoTデバイス試作ネットワーク」構想を掲げ、IoTセンサーデバイスの開発・試作に資するため、2018年8月にはミニマル仕様の装置14台を設置して、「ミニマルBGAパッケージング試作ライン」を整備した。2019年には、試作を受託できるミニマル仕様の前工程試作ラインを臨海副都心に設置して、双方のラインを「繋がる工場」のモデルとして活用する計画である。

産総研九州センターのミニマルBGAパッケージング試作ラインは、九州工業大学や北九州産業学術推進機構、三次元半導体研究センターの前工程試作ラインからのチップの実装もできるため、一貫したデバイス試作が九州内で可能となる体制が整う。産総研九州センターでは、IoT/AIを視野に入れた3DICデバイスの試作環境の整備と、デバイス開発人材の育成が目指されている。

◆民間企業によるミニマルファブビジネス

民間企業においてもミニマルファブを用いた新たなビジネス展開が模索されている。マスクレス露光装置の開発を手がけた先述のピーエムティーでは、独自に後工程に必要なミニマルファブの装置13台を導入し、最先端の実装プロセスのファンドリービジネス（試作サービス）であるFOWLPの事業化を図っ

ている。FOWLP は、インターポーザー（パッケージプリント基板）を使わない実装技術で、iPhone の製造工程で使用されているパッケージ手法である。FOWLP は、インターポーザーを用いないため、デバイスの薄型化、ノイズレス、静電容量の抑制が実現でき、信号の高速伝送も可能となる。iPhone で FOWLP が用いられているのはアプリケーションプロセッサー（AP）であるが、ピーエムティーでは IoT 向けセンサーデバイスなどの小型のアナログデバイスをターゲットとしている。国内外のセンサーデバイス・アナログデバイスのデザインハウスや半導体メーカー、材料メーカーなどとの協業をもとにして、デザインキットの配布を進めている。福岡のデザインハウスであるロジックリサーチでも、ミニマルファブ向けの設計ツール（ライブラリー）の整備が進められており、ミニマルファブを中核に据えたアナログ系センサーデバイスの試作／小ロット量産という新しいエコシステムが生まれつつある。

5　九州の半導体産業の可能性と今後の展望

　これまでみてきたように、地場企業は国や自治体の地域産業政策をうまく活用して、技術開発や商品開発力を高め、系列からの自立化や海外企業との取引を実現し、製品やサービスの付加価値を高めてきた。

　半導体は、クラウド時代の IoT/AI によるビッグデータ解析によるサービスビジネスを支える中核製品である。九州は、センサーデバイスやパワー半導体に競争優位性を有している。これらの分野では九州の製造拠点は世界トップシェアを有しており、その競争力をさらに高めるためのデバイス開発・製造力を磨きあげる必要がある。幸い九州には、多くの製造装置や材料メーカーも立地している。Industry4.0 に対応した生産技術の確立、スマートファクトリーによって、競争力を高めていくことが求められる。そのうえで、これらの生産技術を、ロボットや医療機器、航空宇宙機器、食品製造装置などの他の事業分野にヨコ展開していくことで、製造装置メーカーのポートフォリオ経営が進んでいくだろう。

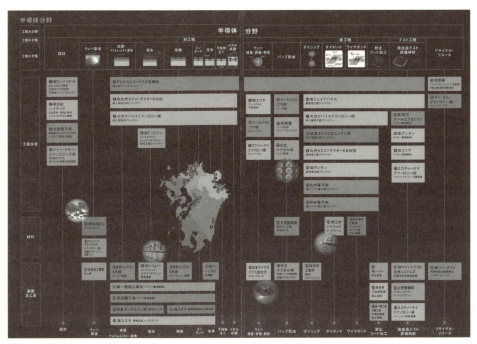

図 5・8 小ロットファンドリービジネスを実現するエコシステム (出典:九州半導体エレクトロニクス協議会資料)

　また、高速演算デバイスやメモリーデバイスに対しては、中国や韓国、台湾を主とした東アジア諸国での投資が進む。九州は、装置や材料の輸出でこれらの地域と繋がり、すでにその成長の一端を取り込んでいる。今後は、近接性という地の利を活かして、モノの繋がりから技術や人の繋がりへとさらに一歩踏み込み、東アジア諸国のエンジアリング拠点としてのポジションを確保することが必要だろう。

　さらに、九州の特徴として、小ロット・短納期に対応できる小回りのきくファンドリーや OSAT の立地が多数みられ、小ロットファンドリービジネスを実現できるエコシステムがある。加えて、今後はミニマルファブの活用も期待できることから、クラウド時代に発生するさまざまなデバイス、例えば IoT 対応のセンサーの試作開発型小ロット量産拠点としての道筋もみえてくる(図5・8)。

いずれにしても、クラウド時代の成長を取り込み、スマートシリコンクラスターへと進化するためには、産業横断的かつ地域横断的なグローバル産業クラスターを目指し、常に新しい技術やビジネスを取り込み実戦できるエコシステムを地域に構築していく必要がある。

[注釈]

* 1 　「第1特集　怒涛の半導体＆電池」『週刊東洋経済』2018年6月30日号、p.21
* 2 　同上、p.25
* 3 　山﨑朗編著、財団法人九州経済調査協会、財団法人国際東アジア研究センター編『半導体クラスターのイノベーション』中央経済社、2008年、p.59
* 4 　経済産業省ウェブサイト
http://www.meti.go.jp/policy/local_economy/tiikiinnovation/industrial_cluster.html
* 5 　文部科学省ウェブサイト
http://www.mext.go.jp/component/a_menu/science/micro_detail/__icsFiles/afieldfile/2009/12/10/1287305_1_1.pdf
* 6 　北九州学術研究都市地域は、情報通信分野に加えて環境分野での指定も受けている
* 7 　神谷昌秀「IoT社会を支える福岡の半導体関連産業」『九州経済調査月報』九州経済調査協会、2018年11月号、p.22
* 8 　TEGビジネスとは、TEG（Test Element Group）チップという評価用チップを用いて、半導体デバイスの設計や製造方法、検査方法ならびに材料などの問題点を洗い出し、量産の歩留まりを高めるためのプロセス開発を支援するビジネスであり、最先端デバイスの材料開発や装置開発に不可欠である
* 9 　文部科学省ウェブサイト
http://www.mext.go.jp/component/a_menu/science/micro_detail/__icsFiles/afieldfile/2018/08/08/1407796_12.pdf
* 10 　『SIIQ PRESS』Vol.26 2016/2017、2017年1月、p.4
* 11 　SIIQ戦略会議討議資料
* 12 　神谷（2018）、前掲論文、p.23
* 13 　Kyuluxのモデルは、世界最大の有機EL発光材料（リン光材料）ファブレスメーカーであるUDC（Universal Display Corporation：2016年の売上は約2億ドル）である。Kyuluxの事業プロデューサーには、UDCやデュポンで材料ビジネスを実践していたメンバーを据えている

6章 航空宇宙産業の地域戦略

山本匡毅

I 航空宇宙産業における日本のポジション

日本の航空機産業の危機

◆開発が遅れる MRJ

　三菱航空機が開発中の旅客機 MRJ の成否が問われている。MRJ は国産旅客機 YS-11 以来、約 50 年ぶりの国産旅客機であり、日本初のジェット旅客機である。この記念すべき国産旅客機が世に出るのかどうかの分岐点にいる。

　MRJ は、ボンバルディア社（カナダ）の CRJ やエンブラエル社（ブラジル）の ERJ と同等の 70〜90 席の航空機である。それにも関わらず三菱航空機があえて新規参入したのは、小型機市場の成長予測に加え、燃費性能、静音性に優れた新型エンジンの採用によって、先行企業との競争に勝てると見込んだからにほかならない。[*1]

　だが、勝利への道筋は不確かなものとなってきている。三菱航空機は、三菱重工業の MRJ 部門を切り離した、三菱重工業の 100％子会社である。三菱重工業は、9 人乗りの小型機 MU-300 以降、40 年近く完成機を製造した経験がない。航空機に関する技術継承が十分になされていないことも影響して、MRJ の初号

機の納期は2013年から2020年半ばへと10年近く延期された。競合企業であるエンブラエル社は、MRJと同等の燃費性能のジェットエンジンを装備した新型機E2ファミリーを開発し終わっており、2018年4月から同型機の納入を開始した。MRJとほぼ同じ燃費性能のリージョナルジェット機が登場したのである。MRJの性能上の優位性はすでに揺らいでいる。

メンテナンスサポートでMRJと提携関係にあるボーイング社は、2018年エンブラエル社の小型旅客機部門を事実上買収した。2018年8月時点では、ボーイング社とMRJの提携関係は維持されるとされている。しかし、三菱航空機はボーイング社の競合企業となったため、将来的に提携関係を維持できるかどうかは不透明である。

◆寡占化する航空機産業

2000年代に入り、民間航空機メーカーは中大型機を製造するボーイング社、エアバス社、小型のリージョナル機を製造するボンバルディア社、エンブラエル社に棲み分けがなされ、寡占状態にあった。日本の三菱航空機、ロシアのスホーイ社、中国の中国商用飛機のリージョナル機分野への参入によって、航空機産業の競争は激化すると思われた。[*2]

ところが、2018年7月にボンバルディア社が開発したCシリーズ（120〜140人乗り）をエアバス社が買収、さらに7月にボーイング社はエンブラエル社の小型旅客機部門へ大型出資を行い、傘下に納める覚書を結ぶなど、民間航空機メーカーの再編が急速に進展し始めた。開発の遅れているMRJにとって、ライバル航空機メーカーによる大手航空機メーカーの傘下入りは、大きな影響を与えている。

◆成長する航空機産業

MRJの開発に苦戦しているものの、日本の航空機生産額は増加傾向にある。戦後日本の航空機需要は、自衛隊向けの戦闘機製造によって牽引されてきた。戦闘機も自主開発された機体ではなく、アメリカの航空機のライセンス生産も多かった。戦後、日本国内での航空機生産が禁止されたこともあり、民間用の完成機を製造できず、日本メーカーは、海外航空機メーカーのサプライヤーに

とどまってきた。その意味では、国産ジェット旅客機 MRJ は、日本の悲願とも言える。

2002 年度の航空機生産額は 1 兆 64 億円であり、防需の 61.3％に対し、民需は 38.7％に過ぎなかった。ところが、2006 年度を転機として、民需が増加し始め、それに対して防需は縮小するようになった。日本での生産比率が高いボーイング社の 787 型機の生産が本格化した 2017 年度には、国内の航空機市場も 1 兆 7300 億円まで成長し、防需の生産金額の比率は 30.8％にまで下落した。[*3]

国産戦闘機の製造は低迷し、MRJ 量産化の目途がたっていない状況において、日本の航空機生産額は増加しているのである。つまりこのことは、航空機の部品生産や航空機エンジンなどの修理が増加していることを意味している。日本の航空機産業は、後にみるように世界の階層的な航空機生産システムに完全に組み込まれており、その構造から脱却できずにいる。

◆サプライヤーとしての日本企業

確かに、航空機生産額だけみれば、日本の航空機産業は順風満帆にみえるかもしれない。しかし、すでにみてきたように、民間航空機産業は事実上ボーイング社とエアバス社の 2 社の寡占であり、設計から製造まですべてを行う日本の完成機は開発中の MRJ のみである。残念ながら、本田技研工業の製造した小型のホンダジェットは、アメリカで設計、開発、製造されており、日本の完成機とは言えない。MRJ をみても、部品約 95 万点のうち、70％は海外メーカー製であると言われており、国内の関連支援産業を牽引する、マイケル・ポーターの言う「アンカー企業」の機能は果たせない。[*4] 2017 年度に 1 兆 2000 億円を生産している民需の多くは、海外航空機メーカー向けの航空部品生産である。日本の大手重工メーカーのグローバル下請企業化は加速し続けている。

日本の航空機産業における中心的企業は、三菱重工業、川崎重工業、SUBARU、IHI である。これらの企業ですら、民間用の航空機やエンジンの完成品を製造していない。海外航空機メーカーから仕事を受注し、国内で部品などを製造しているのである。国内の大手重工メーカーも、航空機産業のグローバル生産システムのなかでは、規模の大きなサプライヤーにすぎない。

ただし、単なるサプライヤーというわけではない点に日本の航空機産業の光明と強みがある。ボーイング社の767型機以降、ボーイング社の民間航空機の開発に際しては、開発費の一部を日本企業が負担する代わりに、日本での生産を確保するという国際共同開発方式を採用してきた。この方式は、ボーイング社の最新型機である777X型機でも採用されている。ボーイング社の旅客機の16～35％は、日本製部品で構成されている。[*5]

しかしながら、日本製部品の比率が高いからといって、単純に喜ぶわけにはいかない。航空機メーカーの競争力、開発力の源泉は、部品を統合して航空機を完成させるプラットフォーム能力にあるからである。日本企業がこのプラットフォーム能力を失ってからすでに40年以上経過し、「日本企業はサプライヤー」という世界的認識が確立してしまっている。国産部品の採用比率は30％程度の見込みとはいえ、MRJの開発は、日本の航空機メーカーのポジションや日本の航空機メーカーに対する認識を転換できるかどうかの分水嶺であり、市場化への期待は大きい。

航空機部品産業の隘路と突破口

◆低迷する自衛隊機生産

すでに指摘したように、大手重工メーカーは、ボーイング社の一次サプライヤーである。中小企業は、それらの大手重工メーカーの下請けであり、二次、三次のサプライヤーとなる。

ただし、防需について言えば、完成機メーカーとして、戦闘機を主力とする三菱重工業、対潜哨戒機や輸送機を主力とする川崎重工業、飛行艇の新明和工業という完成機メーカーが存在している。大手重工メーカーのサプライヤーは、防需向けの航空機部品も生産してきた。だが、自衛隊機の新規生産は近年停滞している。

民間旅客機は月産数機から最大で60機であるのに対して、自衛隊機は年間数機にすぎず、したがって部品生産への波及効果も限定される。さらに、小型機需要へのシフトにより、ボーイング社と国際共同開発している中大型旅客機

の生産にも陰りがみられようになってきた。民間航空機の航空機部品もコストダウン要求が厳しくなっており、対応できなければ日本の航空機産業は、グローバルサプライヤーの機能すら失いかねない。

◆世界に挑戦する中小企業

　航空機部品を製造する企業には中小企業が多い。その中小企業も国内の航空機市場が低迷しているため、28.6兆円のアメリカ航空機市場に代表される海外市場をターゲットにするようになってきた。[*6]

　栃木県にある自動車や建設機械の歯車部品を得意とする菊池歯車は、2010年から海外の航空機専門の商談会に出展し、海外での営業を行っている。リーマンショックまでは、航空機部門の売上比率は2％にすぎなかった。2016年にフランスのエンジンメーカーであるスネクマ（現サフラン・エアクラフト・エンジンズ）から航空エンジンの低圧タービンブレード（羽根）を直接受注することに成功している。菊池歯車が受注した部品は、月産で42機を生産しているA320neoなどに搭載される「LEAP（リープ）」と呼ばれる次世代中型航空機エンジンの部品で、今後量産化が予定されている製品である。同社は、2015年に航空機部品のためのAero Edge（エアロ・エッジ）を設立し、2018年に10億円の最新設備を導入した。

　航空機部品は、高い精度が求められ、日本の中小企業の技術力を試すには格好の対象である。日米の貿易交渉次第では、すでに減少傾向にある国内の自動車生産はさらに減少する可能性がある。日本の中小企業は、自動車や家電という領域にとどまるのではなく、航空宇宙産業という高いハードルの領域にチャレンジする必要がある。それは菊池歯車のように、世界市場をターゲットにすることを意味している。

宇宙産業の新次元

◆出遅れた日本企業

　2018年9月にスタートトゥデイ社長の前澤友作は、イーロン・マスク氏が手掛けるスペースX社のロケットで、2023年に月旅行を行うと発表した。

日本航空宇宙工業会によると、1987年には国内宇宙関連市場（宇宙機器産業）は2014億円であった。2000年には3699億円にまで増加したものの、2004年には2189億円に減少している。その後持ち直し、2016年には3270億円の市場規模となった。このほかに宇宙産業としては、GPSによる位置情報提供サービスなどの宇宙利用産業が約8000億円あり、日本の宇宙産業の市場規模は、約1兆2000億円程度と推計されている。*7

　世界の宇宙産業の市場規模は2016年には3290億ドル（約36兆円）となっており、*8 日本の市場は小さい。ロケット打ち上げ実績でみても、2016年にはアメリカ、ロシア、中国は年間18回以上を打ち上げているのに対して、日本は年間7回であり、9回の欧州より少ない。

　現在、世界には欧米を中心として約1000社の宇宙ベンチャーがあると言われている。日本の代表的な宇宙ベンチャーとして、超小型衛星ベンチャーのアクセルスペース、スペースデブリの除去に取り組むアストロスケール、日本航空と連携して月面探査プログラムに挑戦するアイスペースなどがあるものの、その数は20社程度である。*9

◆日本のプレイヤー

　宇宙ロケットの打ち上げには費用がかかるため、宇宙開発は国家プロジェクトとして行われてきた。アメリカではNASA（アメリカ航空宇宙局）、日本ではJAXA（宇宙航空研究開発機構）が開発プロジェクトの中核組織である。

　日本におけるロケット製造の中核企業は、H2A、H2Bロケットの打ち上げ実績のある三菱重工業であり、同社は現在、H3ロケットの開発を進めている。ただ、国内に競合企業がおらず、国際競争力も確立されたとは言いがたい。

　人工衛星については三菱電機が大手企業であり、準天頂衛星みちびきの製造も担当している。残念ながら、こちらもグローバル企業とは呼べない。

　日本の宇宙ビジネスの課題は、昔も今もコスト高にある。世界の人工衛星市場は2016年に2605億ドル（約28兆6500億円）である。ロッキード・マーチン（アメリカ）、エアバス（フランス）などの欧米企業が市場の80%から90%を占めている。*10

政府は2017年に「宇宙産業ビジョン2030」を打ち出し、2030年代早期に市場規模を倍増することを謳っている。この政府の方針が、日本の宇宙産業のビジネス環境の好転につながることを期待したい。

◆**宇宙関連部品のフロンティア**

　宇宙関連部品は、国内向けの多くはJAXAの調達部品である。宇宙関連部品でJAXAと直接取引をするには、JAXAの認定を必要とする。JAXAは宇宙関連部品に対して、高水準の耐久性や耐熱性を要求している。

　電子基盤部品では、JAXAの認定は7分野ある。それぞれの分野ごとに生産品目に合わせて、認定を取得しなければならない。JISQ9100と呼ばれる航空宇宙産業用の品質マネジメント認証の取得は、宇宙関連部品においては義務化されてはいないが、医療機器と同様、実験に基づくエビデンスを要求される（9章参照）。

　JAXAの認定はレベルが高く、1つの認定を取るのに2年はかかると言われている。受注後のJAXAの内部監査も厳しく、部品によっては、JAXAの担当者の前で1か月かけてテストを行わなければならない。[*11]

　このような高い品質要求は、中小企業にとっては負担となる。宇宙関連部品を受注する中小企業は、リスク回避のために、商社経由の受注とし、多品種少量生産の一領域として宇宙関連部品を製造している。[*12] 宇宙産業は、国家プロジェクトから民間需要へとシフトし始めている。宇宙ベンチャーは、民生品の活用を進めている。この領域もまた中小企業が狙うべき新しい市場である。

2　民間航空機産業

民間航空機産業の産業組織

◆**グローバルな階層構造**

　民間航空機は、主に機体、エンジン、装備品から構成されている。機体とエンジンは、限られた企業で製造されている。機体は、ボーイング社とエアバス

社の2社、エンジンは、ロールス・ロイス社（イギリス）、プラット・アンド・ホイットニー社（アメリカ）、ゼネラル・エレクトリック社（アメリカ）の3社である。

　つまり、上記の5社を頂点として世界各地にサプライヤーが存在するという階層構造が形成されている。機体を生産している日本のグローバルサプライヤーは三菱重工業、川崎重工業、SUBARUである。エンジンではIHIなどがメガサプライヤーである。福島県に立地しているIHI相馬工場は、上記のエンジンメーカー3社すべてから受注している。金属加工にとどまらず、CFRP（炭素繊維強化プラスティック）の加工や、エンジンモジュールも製造しており、エンジンメーカーから技術力や信頼性に対して高い評価を得ている。

　大手重工メーカーは、受注した仕事の一部をさらに下位のサプライヤーへ外注する。大手重工メーカーの協力企業は、完成機メーカーやエンジンメーカーからみると、二次サプライヤーに位置づけられる。その多くは中小企業である。日本では工程ごとに系列企業へ発注するのが慣習となってきた。そのため、系列を超えた企業間連携を積極的に進めるインセンティブは高くなかった。

◆「変化への対応」に立ち遅れる日本企業

　これまでのような系列企業群へ加工工程ごとに外注する「工程外注」では、コスト削減に限界がみえてきた。そのため、航空機部品を加工している企業が「クラスター」を形成して、材料調達から加工、検査までの一貫生産に取り組み始めている。「クラスター」という用語が使用されてはいるものの、航空機メーカーという「アンカー企業」は日本には不在であり、日本の航空機産業については、エコスステムという用語を使用する方が適切であるように思われる。

　海外の企業は、3Dプリンターを使用して、金属積層をもとに機体部品やエンジン部品を製造し始めている。日本の中小企業では、3Dプリンターの導入が遅れている。「変化の創造」はもとより、「変化への対応」にも遅れが生じている。

◆高い整備力

　民間航空機の整備はMRO（Maintenance：整備、Repair：修理、Overhaul：重

整備）と呼ばれる。航空機は定期的に検査や分解、整備や部品交換が行われる。MROの拠点としては、ハンブルク（ドイツ）、シンガポール、香港（中国）が有名である。大手の航空会社は、自社でMROを行ってきたが、近年コストの削減のためにMRO専業の企業に整備を委託するようになってきた。

　シンガポールのチャンギ国際空港には、MRO大手のSASCO（サスコ）が立地している。さらに軍用空港であったセレター空港にもセレター・エアロスペース・パークを設置した。ここではMRO、航空機の設計・製造、人材育成を行っている。MROに関連する機能を発展させるために、シンガポール政府は企業誘致を進めてきた。すでに、エアバス社、ロールス・ロイス社などの有力企業がシンガポールに立地している。また、MROに必要なパーツメーカーも誘致されている。*13

　日本は航空会社以外のMROが弱い。沖縄県でMROを行うMRO Japanは、沖縄県の協力を得て、那覇空港に格納庫を設置した。同社は全日本空輸系列のMRO企業であり、2019年からMRO業務を開始する予定である。現在、那覇空港周辺にはシンガポールのようなパーツメーカーの立地はなく、また航空機メーカーもない。MROではPMA部品（整備用交換部品）の供給が必要となる。その場合、パーツをストックできる倉庫やアメリカに登記した企業あるいは子会社を持つメーカーの近接立地が重要となる。沖縄県ではそれらの企業に対する積極的な誘致の動きがみられない。MROを核とした産業集積の可能性が見え始めたにも関わらず、それをフォローする政策的支援策が十分とは言いがたい。

　エンジン整備では、IHIが横田基地に近い瑞穂工場で早くから取り組んできた。エンジン整備は機体から外せるため、空港のMROで整備する必要はない。エンジンメーカーにとって整備は、交換部品が多く発生するため、ビジネス上の収益源である。IHIは、エンジンモジュールの生産だけではなく、エンジン整備までのライフサイクルを前提として収益力を高めている。IHIでは、部品の生産だけでなく、整備や補修といったサービスも収益源となっている。

「航空機クラスター」の形成

◆ 「航空機クラスター」の地域間競争

　全国に民間航空機産業への参入を目指す「クラスター」が30以上誕生している。[*14]「航空機クラスター」の多くは、県内企業間の連携促進を目的としているが、都道府県に限定されているために、一貫生産に必要な部品、技術、企業が不足している。県内の材料問屋、機械加工、表面処理、熱処理、非破壊検査の企業を組み合わせて、県内で部品の一貫生産ができる「航空機クラスター」が形成されたと宣伝しているが、実際に生産できる部品は限定されている。

　2016年10月に東京ビックサイトで開催された国際航空宇宙展では、全国から35の「航空機クラスター」から出展があった。そのなかには、県よりもさらに小さな地域単位の「クラスター」もあり、「航空機クラスター」の設立は、一種のブームになっている。

　しかし、国内の航空機産業の市場規模は1兆7000億円程度にすぎない。国内の「クラスター」の数は明らかに多くなっている。地域内で航空機の部品の一貫生産を完結できる「クラスター」はほとんどない。例外としては、多摩川精機が中核企業として連携している「エアロスペース飯田」は、多摩川精機が表面処理と熱処理の設備を導入したことによって、地域内で部品の一貫生産をできるようになった。

◆ 「航空機クラスター」間連携

　2010年代に入ると、県単位の「航空機クラスター」では、効率的な一貫生産が実現できないことは、航空機部品事業に新規参入した中小企業においても認識されるようになった。大手重工メーカーも、中小企業の動きを待つだけでは、一貫生産できるサプライヤーは生まれないと考えるようになった。

　このような状況を背景として、メガサプライヤーのような発注企業は、各地の「航空機クラスター」の連携によって、効率的なサプライチェーンの構築を試みるようになってきた。全国規模の「クラスター」組織として形成されたのは、JAN（ジャパン・エアロ・ネットワーク）である。

JANは、航空機のランディングギア（車輪）を製造する住友精密工業によって構築された組織である。海外の航空機部品サプライヤーでは、QCD（Quality：品質、Cost：コスト、Delivery：納期）の厳守という航空機メーカーの要求を満たすことが困難であったが、JANは、QCDへの対応を目的とした「企業連携体」である。中核企業は、ねじ問屋の由良産商であり、北は青森県から南は宮崎県の中小企業がJANに参画している。JANは、材料調達から在庫・納品までの一貫した機能を有している点に特徴がある。OWO（次世代航空機部品供給ネットワーク）、石川県産業創出支援機構、東北航空宇宙産業研究会の3つの「クラスター」が連携し、JANという全国規模の「航空機クラスター」が構築されたことは画期的と言える。

　住友精密工業は、JANに新規参入した企業には、社員やOB人材を派遣して、加工技術や検査技術などを指導し、企業の技術力の向上を図っている。そのため現在では、住友精密工業と国内企業が取引する場合には、JANを経由しなければならなくなった。同社はQCDを順守できる管理体制が国内で構築されたことになる。

　JANは、広域的な連携によって、発注先企業の調達ニーズに適切かつ一貫して対応できるようになったため、住友精密工業は、QCDを厳守できない海外のサプライチェーンに影響されることなく、ランディングギア（車輪）を安定的かつ効率的に製造できるようになった。JANは、海外の航空機部品メーカーに対抗し得るコスト競争力とQCD対応力を住友精密工業に付与したと言えよう。

3　変化への対応が迫られる日本の宇宙産業

変革期の日本の宇宙産業

◆宇宙ベンチャーの台頭

　日本でロケットといえば、まず思い浮かぶのはJAXAのロケットであろう（図6・1）。では、アメリカでロケットと言えば、NASAであろうか。答えは否であ

る。現在では、ボーイング社のグループ企業やスペースX社のロケットの方が打ち上げ回数が多く、一般的になっている。アメリカのスペースX社は、2002年にカリフォルニア州で創業した宇宙ベンチャーであるが、いまや、アメリカの宇宙産業の中核企業となりつつある。このような宇宙産業の担い手における日米の差異は、どこから生まれたのであろうか。

日本の宇宙産業の中核事業は、もちろんロケットである。現在の主力は、三菱重工業のH2AとH2B、およびIHIエアロスペースのイプシロンロケットであり、いずれもJAXAが関与したロケットである。

図6・1 JAXAのロケット発射台（写真提供：JAXA）

H2Aは2001年より打ち上げており、H2BはH2Aの能力増強型として2009年より運用されている。H2A、H2Bは主に大型衛星の輸送に用いられており、日本の衛星打ち上げサービスの主力ロケットである。イプシロンロケットは、小型衛星の打ち上げ用ロケットである。2013年に最初の打ち上げに成功し、現在は打ち上げ能力の拡大やコストダウンに対応した改良型を実験的に打ち上げている。

日本の宇宙産業におけるロケットの課題は、海外からの衛星打ち上げの新規受注、そしてそのためのコストダウンである。もともと三菱重工業のH2AとH2Bは、JAXAの事業として打ち上げを行っていたが、H2Aは2007年度、H2Bも2013年度から打ち上げを三菱重工業へ移管した。三菱重工業は製造のみならず、打ち上げサービス企業として、打ち上げのノウハウを蓄積しつつある。

しかし、ロケット打ち上げを三菱重工業へ移管しても、海外からの受注を獲得するほどのコストダウンは実現していない。H2Aの打ち上げには、本体価格を含めると約100億円かかると言われている。低コストの打ち上げを目指すロケットの宇宙ベンチャーが台頭する欧米とは、ビジネス環境が異なっている。

◆ベンチャーが生まれにくい日本

三菱重工業の次世代ロケットH3ロケットは、打ち上げ費用の半額化を目指している。そのため、H3の部品点数を2割削減し、さらに部品共通化や民生部品の活用を行っている。

日本では、ロケット打ち上げ能力を有する宇宙ベンチャーは生まれていない。世界的には、小型ロケットの需要が高まっている。衛星のユーザーの希望する日程で、しかも低コストでロケットを打ち上げられるからである。大型ロケットの時代には、衛星ユーザーは、相乗りせざるをえず、数か月前から打ち上げ日程を調整しなければならなかった。しかし、小型ロケットの打ち上げサービスが増加したため、ユーザーのニーズに合わせた宇宙空間への輸送サービスが実現した。

特に小型ロケットを開発する宇宙ベンチャーが増加しているのは、アメリカである。アメリカでは小型ロケットの輸送サービスに民間企業が参入しており、人工衛星の打ち上げ費用が引き下げられてきた。例えば、ベクター社(アメリカ)のロケット打ち上げ費用は150万ドルから300万ドルである。H2と同じサイズの衛星の打ち上げ可能なアメリカのスペースX社でも6200万ドル(約68億円)である。日本のロケットは、価格面で圧倒的に競争条件が厳しくなっている。

日本では小型ロケットを開発している民間企業は少なく、IHIエアロスペースの「イプシロンロケット」、JAXAとキャノン電子による「SS-520」、インターテスラテクノロジーズの「モモ」にとどまっている。

◆人工衛星のビジネスモデル

宇宙産業では人工衛星も重要な製品である。日本の人工衛星の主力メーカーは三菱電機とNECである。両社ともに従来はJAXAの委託で人工衛星を製造してきた。人工衛星の価格は小型で10億円、大型で300億円と言われている。両

社は、JAXA からの受託製造だけでは、自社の人工衛星ビジネスは成長せず、その打開策を考えてきた。なぜならば、現状では欧米企業が世界の人工衛星の圧倒的なシェアを握っているからである。

そこで三菱電機は、準天頂衛星「みちびき」から測位情報を提供するサービスを展開し始めた。NEC も 2018 年に初の自社所有衛星である「アスナロー2」を打ち上げ、衛星からの画像を提供するビジネスを計画している。

JAXA からの受託製造以外の人工衛星ビジネスは、中小・ベンチャー企業にとってもビジネスチャンスである。リーマンサットスペーシズ（本社：東京）は、2018 年 10 月に多機能小型衛星を宇宙空間に放出した。同社の人工衛星は民生品を多く使用しており、宇宙の専門家の関与を少なくして、サービスを展開しようとしている点に特徴がある。人工衛星を製造してきた従来のメーカーは、人工衛星を用いたサービスへとビジネスモデルに転換している。「下町ロケット」というドラマにもなったように、衛星の小型化、標準技術化は、中小・ベンチャー企業による小型衛星事業への参入を可能としている。

ロケット発射場による地域創生

◆ 不足するロケット発射場

日本のロケット発射場は、燃料節約の観点から、赤道に比較的近い鹿児島県の種子島宇宙センターと内之浦宇宙空間観測所にある。JAXA や三菱重工業のロケットが数多く打ち上げられ、寡占状態が続いてきた。しかし、2017 年 11 月に宇宙活動法の一部が改正され、2018 年度からロケットの打ち上げ業務が民間に開放され、新しい発射場の認定を受けることができるようになった。

この制度変更は、これまでロケット発射場がなかった地域にとっては、ロケットを基軸とする地域創生を実現する可能性を広げている。キャノン電子、IHI エアロスペース、清水建設、日本政策投資銀行の 4 社で設立した新世代小型ロケット開発企画は、2021 年完成を目指してロケット発射場の建設を和歌山県串本町で計画している。

すでにロケット発射場を持つ鹿児島県は、ロケット発射場が全国で同県にし

かないという優位性が薄れ、ロケット打ち上げ数の減少を懸念している。しかし、この懸念は杞憂である。日本のロケット発射場は、H3 の製品化で不足気味となっている。ロケット発射場の不足は、ロケットの量産化を抑えるため、コスト上昇要因となる。ロケット発射場を増設することで、海外との競争力につなげられるだろう。

◆ 北海道大樹町における堀江氏の挑戦

　近年、ロケットの打ち上げ失敗のニュースと、経営に堀江貴文が関わっていることで一躍有名となったのが宇宙ベンチャーである IST（インターステラテクノロジーズ）である。IST は現在、小型観測ロケット「モモ」を開発し、北海道大樹町の多目的航空公園で打ち上げを行っている。この航空公園は 1995 年に完成したものの、航空宇宙拠点にはなれなかった。2008 年に公園内の JAXA 施設が航空宇宙実験場となり、宇宙関連の実験も行われるようになったため、名実ともに航空宇宙のための公園となった。

　IST は 2018 年までに 2 回の打ち上げ実験を行った。いずれも実験は失敗となったが、2 回目の打ち上げには観客が 700 人集まった。大樹町では IST 以外にも多くのロケットの実験を行っており、多目的航空公園が観光資源となっている。IST は、ロケット部品の加工の一部を北海道内の 4 社に発注しており、取引連関も形成しつつある。

　しかし、大樹町の多目的航空公園はあくでの実験場であり、正式なロケット発射場ではない。大樹町は『大樹町まち・ひと・しごと創生総合戦略』[*15] のなかで、ロケット発射場を含む航空宇宙産業基地形成を打ち出している。宇宙産業で地域創生を実現するためには、宇宙産業の関連産業のクラスター化によって、クラスター内での産業連関をつくっていくことが必要であり、大樹町はその一歩をようやく踏み出した段階である。

4　日本の航空宇宙産業の未来

◆乱立する「航空機クラスター」

　日本は、「航空機クラスター」の数が多くなっている。バイオに関心が集まると、各地で「バイオクラスター」と称する組織や運動が開始されるのと同じである。しかし、日本には民間の航空機メーカーも航空機エンジンメーカーもない。つまり、クラスターの中核となる「アンカー企業」が存在していないにもかかわらず、「クラスター」という用語を冠として使用するのは適切と言えない。

　日本の航空機産業に対して、「クラスター」という用語を使用することにも問題があるのだが、そもそも国内に40近くの「航空機クラスター」が乱立している状況自体が好ましくない。欧米の航空機クラスターは、州単位である。アメリカではボーイング社を中心とするワシントン州、カナダではボンバルディア社を中心するケベック州が航空機クラスターを形成している。*16 空間スケールで言えば、日本一国に匹敵する面積である。

　日本の「航空機クラスター」は、その規模、面積、関連支援産業の集積度からみて「クラスター」という条件を満たしていない。地域の事業環境の改善という意味では、航空機部品企業のエコシステムの再編、高度化はもちろん重要な課題である。

　しかし、「航空機クラスター」は、地域単位のボトムアップでは実現しない。単に集積度が低いというだけではなく、完成品メーカーやエンジンメーカーという航空機産業の「アンカー企業」が存在しないからである。MRJのような航空機を製造できなければ、「航空機クラスター」と称している各地の小規模な「航空機部品のエコシステム」という生態系のイノベーション力を高めることは容易ではない。

◆航空機産業×宇宙産業×中小・ベンチャー企業

　航空宇宙産業で競争力を獲得する方法は、「クラスター」の空間的な規模の拡大だけではない。航空宇宙関連企業の国際競争力の強化も課題である。エアロ

エッジのように、すでに航空宇宙分野において、海外メーカーと直接取引を始めた企業がある。同社以外にも、エアバス社へ航空機塗装用プリンターを納入しているエルエーシー（東京都）や、航空機向け制御機器大手のムーグ社と直接取引を行っているスガサワ（山形県）などもある。これらの企業は、独自にグローバルパイプラインを形成してきた（4章参照）。航空宇宙産業は、グローバルな産業であるがゆえに、東北や九州という立地上の不利性は小さいというパラドックスが生まれている。

　宇宙分野では航空分野以上に、日本を一体的なエコシステムとして、国際競争力を強化していくことが求められる。先述したとおり、今はまだ日本では宇宙ベンチャーが少ないが、日本の技術でロケットや人工衛星を開発・製造し、衛星を使ってIoTやAIと融合させたサービスの提供は強みになりうる。欧米の規制下にある民間航空機産業に比べて、宇宙産業は中小・ベンチャー企業が入りやすく、ビジネスチャンスがある。

　航空機部品をつくれる企業は、オーバースペックにならなければ、多品種少量生産であるため、宇宙部品へ参入しやすい。またIoTやAIを得意な中小・ベンチャー企業は、既存技術やサービスで宇宙産業へ展開が可能である。

　三菱重工業やIHIエアロスペースといった大手企業のみならず、宇宙ベンチャーや航空宇宙部品サプライヤーを巻き込んだ全国的なエコシステムの形成が国際競争力の源泉となる（2章参照）。自動車部品、半導体部品、医療機器部品などの部品を製造してきた中小企業にとって航空宇宙産業は、まさにチャレンジすべき新領域なのである。

◆広域的なエコシステムの創出に向けて

　日本でも広域の航空宇宙産業のエコシステムが生まれ、中小企業が世界の舞台に登場し、少ないものの宇宙ベンチャーも生まれている。本格的なMROも那覇に整備される予定であり、IHIもエンジン拠点として、埼玉県鶴ヶ島市への進出を計画している。問題は、それらの新しい動きをどのように「新結合」として有機的に連結できるかにある。日本の航空宇宙産業は、自動車産業のように国内にセットメーカーがほとんどないこともあり、有機的な結合に乏しく、

「航空機クラスター」の乱立にみられるように、地域的な障壁も存在している。幕藩体制が終了して150年経ったにも関わらず、地域（藩や都道府県）の呪縛はいまだに温存されたままである。さらに、都道府県単位や、より小さな地域単位を前提として、航空宇宙産業の地域戦略や「クラスター」を構築しようとしても、エンジンや航空機のメーカーが存在しない日本においては、限界がある。

　中村洋明は、「航空宇宙ほど国家の力量が問われる活動領域はほかにない」と指摘している。[*17] 航空宇宙産業は、多様な技術の融合が求められる最先端の産業であり、そのため世界規模で、規模の大小はあるものの、多様なエコシステムが形成されているのである。

　航空宇宙産業は、他産業への技術波及効果が大きい。日本の産業構造の高度化にも寄与する産業である。航空宇宙産業の成長を促進するためには、グローバル視点で広域的なエコシステムを形成しなければならない。行政や企業は、国内ではなく、世界的なエコシステムに合致するビジネスモデルを組み込んだ戦略を立案できるのかどうかが問われている。そのためには、自動車、半導体、医療機器などの部品製造を担っていた中小企業の航空宇宙産業へのシフトを促進する必要がある。医療機器においても同様の戦略の有効性が確認されつつある。自動車、半導体、医療機器の主力工場は、東北から九州に立地しており、地方の中小企業の更なる参入も期待できる。ロケット発射場の地方分散や地方空港でのMROの可能性など、サービス分野においても地方の果たす役割が高まるであろう。

　日本で航空宇宙産業によって地域産業の発展を図るためには、中小企業も国内企業との取引を目指すのではなく、世界の航空宇宙産業の企業との取引を目指していかなければならない。そのためには世界の航空宇宙産業に対応できる地域のエコシステムの醸成が必要である。航空宇宙産業は、20年で収益を上げるビジネスモデルであり、医療機器と同様に、開発段階からかかわることがビジネスチャンスにつながる。日本の航空宇宙産業が発展するために、中小企業が部品加工の受注ではなく、開発から量産を見据えた長期的な視点で、航空宇

宙産業に取り組めるように、地域産業支援の態勢づくりを行う段階になっている。

〔付記〕本章は科学研究費補助金「生産拡大期における航空機産業のサプライチェーンに関する集積論的研究」（課題番号：15K16885）を使用している。

[注釈]

* 1 週刊東洋経済編集部『ニッポンの航空機産業』東洋経済新報社、2016 年、p.61
* 2 鈴木真二「航空機産業を俯瞰する」『一橋ビジネスレビュー』65 巻 4 号、2018 年、pp.8-21
* 3 一般社団法人日本航空宇宙工業会『日本の航空機産業』2018 年、p.5
* 4 日刊工業新聞社編、杉本要『翔べ、MRJ』日刊工業新聞社、2015 年、pp.14-18
* 5 経済産業省「METI Journal」2018 年 8 月 10 日、https://meti- journal. jp/p/311（2018 年 9 月 11 日閲覧）
* 6 一般社団法人日本航空宇宙工業会『航空宇宙産業データベース』2018 年、p.5
* 7 一般社団法人日本航空宇宙工業会『航空宇宙産業データベース』2018 年、p.33、および pp.64-65
* 8 一般社団法人日本航空宇宙工業会「世界の宇宙産業動向」『航空と宇宙』第 765 号、2017 年、pp.7-8
* 9 石田真康『宇宙ビジネス入門』日経 BP 社、2017 年、pp.204-213
* 10 一般社団法人日本航空宇宙工業会「世界の宇宙産業動向」『航空と宇宙』第 765 号、2017 年、p.8、「日経産業新聞」2017 年 6 月 2 日
* 11 山形県 OS 社へのヒアリングによる（2018 年 8 月 28 日実施）
* 12 山形県 OK 社へのヒアリングによる（2015 年 8 月 3 日実施）
* 13 一般社団法人日本航空宇宙工業会「シンガポール民間航空機産業の現況と今後の展望について」『航空と宇宙』第 699 号、2012 年、pp.31-33
* 14 航空機産業におけるこのような運動を「クラスター」と定義できるのかどうかについては、本章では論じない
* 15 大樹町が地方創生のための施策をとりまとめたもの。2016 年 3 月に策定された
* 16 ジェトロ・サンフランシスコセンター『北米航空宇宙産業における地域間国際連携に関する基礎調査』2010 年、pp.16-25、および pp.83-91
* 17 中村洋明『航空機産業と日本』中央公論新社、2017 年、p.4

7章 進化する神戸医療産業都市
医療産業クラスター飛躍の条件

加藤恵正

I 第2フェイズに入った神戸医療産業都市

ベンチャー支援のためのインキュベーション機能

　2018年6月、ドイツ製薬大手のバイエル日本法人、バイエル薬品は外資系製薬企業としては国内初となるインキュベーションラボ「CoLaborator Kobe（コラボレーター神戸）」を 神戸医療産業都市に開設した。スタートアップ企業やネットワークの構築支援を目的としており、生命科学分野のベンチャー企業を支援する苗床としての機能に期待が集まっている。神戸医療産業都市では、ベンチャー企業や研究機関の受け入れ施設が不足しており、すでに製薬関連企業・創薬ベンチャーなどの入居に対応したウェットラボや、再生医療などの製薬開発にも対応したCPC（細胞培養センター）対応ラボを設けたレンタルラボ「神戸医療イノベーションセンター」も2017年に開設された。ここには、日立製作所が再生医療の研究開発拠点「日立神戸ラボ」を設置している。こうした増大する施設需要にこたえて、研究機関の交流も視野に、新しいレンタルラボ施設「オープンイノベーション拠点ビル」の建設を決定している。供用開始は2020年の予定だ。

神戸医療産業都市構想

◆復興からスタートした神戸医療産業都市

　1995年に発生した阪神・淡路大震災からの神戸経済再生・復興を模索する過程で、1998年に神戸医療産業都市構想基本計画が策定された。それから20年。神戸医療産業都市には現在344社の企業が進出、9200人の雇用を創出し、経済効果は1500億円を超えた。このように、神戸医療産業都市は進化を続けている。2018年4月には、（公財）神戸医療産業都市推進機構が設置された。これまで、神戸医療産業都市構想を推進してきた先端医療財団の機能を拡充することによって、進化の早いバイオメディカル領域や先端ビジネス・クラスターのマネジメントを行うことが主たる狙いである。神戸のバイオメディカル産業集積はその離陸段階から、「質」的発展に向けた第2のフェイズに移行しつつあるようだ。

◆都市経済復興の2つのアプローチ

　巨大災害からの都市経済復興には、大きく2つのアプローチがある。第1は、既存産業の連関性強化による地域乗数拡大を促すアプローチである。地元企業の移出力強化や新たな移出産業の創造といった視点も併せ持つ。第2は、被災地外からの企業誘致によって地域乗数の拡大を促進する視点である。これは、域外需要を対象に生産する「基盤産業」が、地域経済を実質的に牽引することを狙う需要主導型アプローチである。巨大災害によってこれまでの地元産業が深刻な打撃を受けた状況下において、新たな経済活動の誘致は必須である。巨大災害からの復興を考える上では、中長期的課題として位置づけられよう。神戸医療産業都市は、この第2の視点から阪神・淡路大震災からの経済復興を期して提案されたものであった。[*1]

2　震災復興と神戸医療産業都市構想

神戸医療産業都市の変遷

◆エンタープライズ・ゾーン構想

　神戸医療産業都市の生成は、阪神・淡路大震災の復興政策として提案されたエンタープライズ・ゾーン構想が引き金となったと言って過言ではない。[*2] 1995年1月に発生した阪神・淡路大震災復興において、経済復興のエンジンとして地元自治体、経済団体そして研究者によって提案された経済特区「エンタープライズ・ゾーン」は、規制緩和と税の減免措置をその核心としており、巨大災害によって「特殊かつ深刻」な状況に追い込まれた地域をいかに自律的復興に導くかを試みるものであった。

　被災地サイドからは大きな期待が込められたが、当時の政府はこうした仕組みを基本的には容認することはなかった。重要な点は、災害からの復興が「地域の選択」に委ねられる仕組みであることだったはずだ。しかし、政府は一国一制度に固執し、神戸起業ゾーン提案に始まるエンタープライズ・ゾーンの設置は、十分な形では実現しなかった。

◆地域のイニシアチブによる一歩

　ただ、1997年1月、神戸市と兵庫県は、各々産業誘致のための優遇措置を盛り込んだ「神戸起業ゾーン条例」と「産業復興推進条例」を制定し、地域のイニシアチブによる経済政策の一歩を踏み出した。この神戸起業ゾーンが設置されたポートアイランドⅡ期地区に、神戸医療産業都市が成長を始めることとなる。

　1999年、神戸医療産業都市構想懇談会報告書を受け、医療産業都市構想推進本部が設置された。神戸医療産業都市構想は、その後、阪神・淡路大震災からの復興特定事業として位置づけられ（2000年）、直接・間接的に政府の支援を受けるとともに、転換期にあった政府の地域政策における象徴的役割を果たし

た。神戸市の経済政策においても、同構想への投資額は被災自治体としては相当なリスクを覚悟した政策であったと推察される。

◆医療産業都市の形成・発展に向けた試み

2005年には、神戸市においても「神戸健康科学（ライフサイエンス）振興ビジョン」を公刊した。2016年には同ビジョンの改訂（増補）版を作成し、「研究領域の深化」「市民・企業との接点強化のためのクラスター政策」「産業としての拡がり、広域展開」などを主旨とした神戸市としての視点を明確にしている。この他、神戸エンタープライズ・ゾーン条例の改正、パイロット・エンタープライズ・ゾーン創設などの企業誘致策、医療用機器開発研究会による中小企業との連携など、さまざまな角度から医療産業都市形成・発展に向けた試みが展開されてきた。2011年、理化学研究所が設置したスーパーコンピュータ「京」も、医療産業都市の中核機能の1つとして重要な役割を果たしている。[3]

神戸医療産業都市の効果

◆経済効果

公共投資などの地域経済効果は、①建物や道路の建設への投資効果、②道路や橋梁の供用効果（医療産業都市の場合、医療産業に関わる社会経済活動）、③こうした地域変化がもたらす都市イメージアップなどの総合効果、として整理することができる。神戸医療産業都市では、その成長の過程で①②について、その経済効果を推計してきた。図7・1は経済波及効果、進出企業数、雇用者数の推移を示したものである。経済波及効果は直近で1532億円（2015年）、進出企業数350社（2018年）、雇用者数9400人（2018年）であった。[4]

こうした新規産業立地プロジェクトの経済効果については、ここ数年、基礎自治体レベルでの産業連関表の整備などもあいまって推計されることも多いが、同一プロジェクトについて経年変化を追跡した例はほとんどない。神戸医療産業都市の場合、2000年にプロジェクト発足に向けた段階でアメリカベクテル社、スタンフォード研究所によって長期経済効果が推計された。その後、2005年に第1回目の経済効果測定が神戸市産業連関表を用いて行われている（その後、

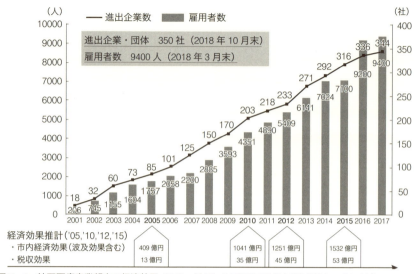

図7・1　神戸医療産業都市の経済効果（出典：（公財）神戸医療産業都市推進機構ウェブサイト）

2010年、2012年、2015年に推計）。図7・1に示すように、経済効果は2005年の409億円から2015年の1532億円へと3.7倍も増加している。企業数は85社から350社（2018年）へ、そして雇用者数は1757人から9400人（2018年）へと増加した。神戸市においては実質的にゼロからの出発であったバイオ・メディカル領域でのプロジェクトではあったが、この10年間にきわめて急速な成長を遂げたと言ってよい。

◆震災復興から産業的事業へ

　神戸医療産業都市を産業立地政策という側面からみると、発足時から「核」となっていた京都大学や国立研究開発法人理化学研究所が果たした役割は大きく、それは、このプロジェクトが災害からの本格復興を目指すものであったこととも関係している。こうしたイノベーション拠点が、その発展の経緯からどのように産業的に事業としての展開に結びついていくのかは、今後こうしたタイプのプロジェクトを計画するうえで、重要な経験となろう。

　立地政策的には、公的投資がどれだけの民間投資を誘発したのかといったレバレッジ（てこ率）といった指標も必要だ。[*5]ただ、日本のこうしたまち再生

プロジェクトは、公的資金と民間資金が複雑に絡んでおり、てこ率を算出するのは困難かもしれない。今後の課題である。

3 第2フェイズに向かう神戸医療産業都市

クラスター進化の構図：都市イノベーション・システム構築に向けて

　「急成長を遂げているスタートアップ企業がどれだけ存在しているのかが、成功しているハイテク・クラスターの証だ」。[6] バイオテクノロジーなどの事業化とクラスターの進化を検討したウランガらは、さまざまなビジネス・モデルで市場開拓を行う小規模企業の重要性を強調した。ハイテク産業クラスターについてはこれまでにも多くの実態についての検討が行われてきた。一方、その成長や進化のプロセスについては、重要性は指摘されてきたものの、理論・実証、さらには政策的視点からも必ずしも十分な検討が行われてこなかった。[7]

◆量から質的側面へのシフト

　ウランガらは、ハイテク・クラスターの進化はその量的側面から質的側面へのシフトに特徴づけられると指摘する。第1フェイズにあるクラスターの発展に必要なことは、スタートアップ（創業・スピンオフ）企業群の拡大、クラスター内で創出されるイノベーションの拡大、研究開発への積極投資、クラスターへの投資拡大といったいわば量的拡大である。

　クラスターの進化の過程で顕在化する質的発展を主軸とする第2フェイズでは、例えば、研究と教育の複合領域へのアプローチ促進（具体的には、研究者・専門家の地域内流動性を高める。あるいは公式・非公式ネットワーク構築などのラーニングのダイナミズムを刺激）など、クラスターを構成する多様な主体間のコラボレーション文化の拡張がクラスター活性化へのドライバーになる。さらに、政府が政策や規制を再編成し、制度・仕組みを改変することも重要な要素になるという。

　こうした観点から神戸医療産業都市をみると、目覚ましい量的成長を顕在化

させている第1フェイズであると同時に、その内部でのイノベーションを加速し臨床を含む事業化を強めつつある第2フェイズにアプローチしつつあると位置づけられよう。

　重要なことは第1フェイズから第2フェイズに移行するクラスターのクリティカル・マス（フェイズの移行に最低限必要なクラスターの規模）の見極めだ。ただ、現実には、一定規模に達したクラスターでは、自然発生的に第2フェイズの「兆候」が顕在化し始める。神戸医療産業都市の場合、その出発点が条件不利地域の政策的再生を狙いとした災害復興プロジェクトであった影響から、政策誘導の性格が強かったこと、さらには京都・大阪などとの広域連携の構図、スーパーコンピュータなどの高度産業インフラの存在など、クラスターを取り巻く多くの外部環境要因が変化・輻輳していることもあり、政策によるマネジメントは不可避と思われる。[8]

クラスターの新陳代謝を支えるインキュベータ施設群

◆進む大学発ベンチャーの立地

　先に述べたように、2018年現在、進出企業数は350社にのぼる。実際にはこれまでに撤退した企業も存在しているだろう。ただ、こうした状況は、これまでになかった新規産業領域でのクラスター形成過程ではある意味避けられないプロセスであり、クラスター生成過程でのダイナミズムとも言える。新規領域であるがゆえに、企業は「実験的・試行的」に立地し、状況を見極めて継続立地するのか、撤退するのかを決めている。立地政策としては、企業が進出する際に、彼らのサンクコスト（埋め込み費用）を最小化し、その市場判断に委ねるアプローチと言ってよい。知識集約性が強い小規模企業群が担うバイオ・メディカル産業領域では、ビジネスの変化速度がきわめて早く機動的即応は必至である。企業設立は世界的競争下で行われるため、即座に事業に着手できる環境が常に求められている。ここで重要な役割を果たしているのが、レンタルラボである。クラスター内部における自己増殖的な発展のメカニズム強化にむけて、インキュベーション施設は知識集約型ビジネスに対する産業支援施設とし

て重要な役割を果たしている。

　2018年現在、企業や大学に研究スペースを貸すレンタルラボは12施設あり、全体で約3万平米が供給されている。このうち95％が利用中で、慢性的な不足状況にあるという。レンタルラボなどのインキュベータ施設群は、バイオ・メディカル・クラスターにおいて重要な役割を担うビジネス領域のダイナミズムを支えるインフラだ。こうした施設を活用したスタートアップ企業のなかには、革新的な研究開発を基礎に事業化を進めるベンチャーが輩出され始めた。例えば2017年、大学発ベンチャーで、研究成果の事業化を実現している企業として、「切らないゲノム編集技術」を活用した事業開発を目指す㈱バイオパレット（神戸医療イノベーションセンター）がスタートした。神戸大学バイオプロダクション次世代農工連携拠点(iBiok)から誕生したベンチャー企業の1つである。さらに2018年、京都大学発のベンチャー企業㈱マイオリッジ（バイエル：コラボレーター神戸）が、神戸ラボを設立した。同社は、年々需要が高まる再生医療向けに「iPS細胞由来心筋細胞」の開発を進めている。このほかに、アルツハイマー病根治薬を研究する京都大学発TAOヘルスライフファーマ神戸研究所（2012年設立、神戸ハイブリッドビジネスセンター）や核酸オリゴマーを高効率合成する高知大学発の㈱四国核酸化学（2016年設立、神戸キメックセンタービル）なども、その活動拠点を置いている。*9

◆第2フェイズへの課題：多様な主体の連携・融合を

　「バイオ・メディカル産業といった事業活動に直接関係した取引だけでなく、他業種や間接関連領域、さらには一見関係がなさそうな分野との結びつきを見出すなど、広範に結びつきを拡大することで、クラスターや都市圏域部に立体的かつ稠密なネットワークを形成していくことこそが新たなビジネス創出の存立基盤となる」（進出企業A社）。'related variety'（関連する多様性）は、現代の都市経済を理解するうえで重要なキーワードである。深化が加速する世界の産業システムは、グローバルな空間展開と同時に、機能的連関性という垂直的な結びつきとも交叉しながら進化を遂げつつある。都市の経済システムからみると、それは'related variety'が織りなす都市イノベーション・システムにほ

かならない。*10

　実際、「企業連携によって個々の企業がR&Dを合理化し、そこから新たな企業が創出されるといったメカニズムも機能し始めている。集積内部において情報共有が行われることで、競争と協力に関わる集積固有のコンビネーションがより一層形成されていくことに期待したい」(進出企業B社)との意見もある。こう

図7・2　チャイルド・ケモ・ハウス。小児がんなどの小児難病の子どもと家族が一緒に暮らしながら家のような環境で療養することができる日本で初めての施設 (出典：(公財)神戸医療産業都市推進機構ウェブサイト)

した、ハイテク産業の核心とも言える研究開発に関わる指摘と同時に、再生医療を核とする総合的な都市環境の整備が提案されている。研究と臨床の融合を担保する仕組みに加え、患者やその家族の快適な生活環境の構築、移動のためのインフラ整備、さらにはこうした成果がビジネス化されるための仕組みなども必要だ(図7・2)。神戸医療産業都市の場合、これまでの立地事業者への調査において、「人脈や人的ネットワークの作りやすさ」「研究機関や大学との連携のしやすさ」は高く評価されてきている。*11

◆神戸都市イノベーション・システム形成へ

　クラスターを核に形成されるイノベイティブな産業空間は、都市イノベーション・システムが形成するラーニング・リージョンであるが、その特性の1つは、その圏域内において研究者や専門家の流動性が高いことにある。日本の場合、労働市場の特性から転籍はハードルが高いが、出向などによる一時的移動も視野に入れる必要があろう。大学や研究機関からのスピンオフによる起業なども重要な要素である。地域内に形成される公式・非公式の稠密なネットワークの存在も、知識や知恵の共有・伝播に重要と言えそうだ。

　都市イノベーション・システムとは、知識・知恵が集積し、それらが交流・融合することで新たな価値を創造する仕組みを意味している。従来、主として企業内部で個別に行われてきたイノベーションは、外部のさまざまな主体との情報共

有を行いながらイノベーションの突破口を切り開くいわば「相互的学習 (collective learning)」を通したスタイルに急速に変容してきた。フィードバック・ループによって多重的に連関性を有し、活動自体がかかる相互性をより強化するプロセスこそ、ここで言う都市イノベーション・システムの核心である。都市イノベーション・システムは、多様な企業・組織・個人のイノベーションを要素としつつ、神戸全体の"good business climate"を醸成することが狙いといってよい。*12 第1フェイズから第2フェイズへのシフトは、イノベイティブなビジネス風土の形成が基盤になる。

クラスターの発展と立地政策

◆神戸医療クラスターと立地政策

　神戸医療クラスターの発展と立地政策は強く関係している。1つは政府による都市再生や特区政策などの地域再生策、もう1つが地元自治体による立地政策である。ここでは、地域政策との関連から若干の整理を行う。

　阪神・淡路大震災以降における政府の都市・地域政策は、大きく変化することになる。2002年4月の都市再生特別措置法制定からスタートした一連の政策は、その後同年7月の構造改革特区推進本部の設置、そして地域再生基本指針提示と、これまでには見られない速度で矢継ぎ早に展開してきた。2003年10月、政府は地域活性化と雇用の創出を推進するため、内閣に「地域再生本部」を設置。先行する都市再生、構造改革特区とあわせ、都市・地域再生に関わる政策の3点セットが稼動することになる。これまでのわが国の国土政策が、形骸化した全国一律の仕組みに固執し、省庁間の連携がない硬直的な縦割りに依拠してきたことを鑑みれば、かかる変化はきわめて画期的であると言える。

　こうした動きのなかに、神戸医療産業都市も位置づけられることになる。表7・1は、神戸医療産業都市に関わる政府の主要な立地政策・支援政策を整理したものである。2001年に政府の都市再生プロジェクトに指定されて以降、知的クラスター創生事業第Ⅰ・Ⅱ期（文部科学省2002〜2012年）、先端医療産業特区（構造改革特区第1号2002年）、先端医療開発特区（厚生労働省2008年）

表7・1(1)　政府などによる特区などの支援策

年次など	名称	主たる支援内容	主な規制緩和	主な課税減免措置
2001 国土交通省： インフラ整備	都市再生プロジェクト（第二次決定）ライフサイエンス国際拠点形成	神戸地域を再生医療等の基礎・臨床研究と先端医療産業の集積拠点とするため、研究機能の強化、起業化支援等に必要な施策を集中的に実施する	実現手段： 国直轄事業、まちづくり交付金及び各種の補助事業、民間都市再生事業と関連した取組の促進、様々な主体によるソフトなまちづくり活動、関係者間の連携構築の支援など様々	
2002 国土交通省： インフラ整備	都市再生緊急整備地域　①神戸三宮駅周辺・臨海地域　②神戸ポートアイランド西地域	都市の再生の拠点として、都市開発事業等を通じて緊急かつ重点的に市街地の整備を推進すべき地域として指定された	容積率や道路上空利用等に係る建築制限の緩和などの都市計画特例	所得税・法人税等の割増償却、固定資産税等の課税控除などの税制支援
2002 国土交通省： インフラ整備	特定都市再生緊急整備地域 神戸三宮駅周辺・臨海地域駅周辺 45ha	都市再生緊急整備地域のうち、円滑かつ迅速な施行を通じて緊急かつ重点的に市街地の整備を推進することが都市の国際競争力の強化を図る上で特に有効な地域として政令で定める地域。の区域が特定都市再生緊急整備地域に指定	容積率や道路上空利用等に係る建築制限の緩和などの都市計画特例	所得税・法人税等の割増償却、固定資産税等の課税控除などの税制支援
2002-2005 文部科学省： 再生医療支援	知的クラスター創生事業（第Ⅰ期）「再生医療等の先端医療分野を中心としたトランスレーショナルリサーチ」の構築	大学等を核とした産学官連携体制を構築。クラスター創生のための各種事業の集中的な展開を支援。最先端の医療技術、国際競争力を有する産業育成。大阪北部（彩都）地域との連携によるライフサイエンスの国際拠点として「スーパークラスター」を形成	実現手段： 先端医療センターを核とした先端医療に関わる共同研究を支援	
2009-2012 文部科学省： 再生医療支援	知的クラスター創生事業（第Ⅱ期）『関西広域バイオメディカルクラスター構想』大阪大学、神戸大学、京都大学、理化学研究所、医薬基盤研究所ほか	大学・研究機関や医療・医薬産業等の集積を育成。ライフサイエンスの基礎から臨床研究、産業化に至る総合的国際拠点の形成を目指す。大阪北部の産学官の「知」の結集による先端的な創薬を、神戸地域では再生医療等の先端医療分野のトランスレーショナルリサーチを推進し、地域におけるイノベーション創出の加速と、国際的な研究・ビジネスネットワーク形成を図る	実現手段： 創薬分野におけるサイクル「バイオメディカルチェーン」の実現、先端医療や生活習慣病では、優秀な臨床家や研究者等の集積により、イノベーション創出を加速する「メディカル イノベーションシステム」の基盤を構築。大阪北部（彩都）地域及び神戸地域を含めた関西全体でこれらの基盤を共有	
2003 内閣府	先端医療産業特区（構造改革特区指定第1号）ポートアイランドおよび神戸大学	産学連携のもと、高度医療技術の研究開発拠点を整備し、医療関連産業の集積による神戸経済の活性化	・研究機関が外国人研究者に、在留許可期間の延長（3年→5年）、活動範囲の拡大（ベンチャー起業）、入国管理局で入国・在留申請の優先処理 ・外国企業が支店開設準備を行う際、当初から企業内転勤の在留資格付与 ・再生医療等の高度医療に係る臨床研究での「特定療養費」導入、「高度先進医療制度」の弾力的運用、国の試験研究施設の使用の容易化	—
2008 厚生労働省	先端医療開発特区（スーパー特区）	革新的技術の開発を阻害している要因を克服。先端医療振興財団所属の研究者を代表とする提案2件が採択された	研究資金の特例や規制を担当する部局との並行協議など試行的に行う「革新的技術特区」、いわゆる「スーパー特区」。基礎研究・試作段階から厚生労働省などとの安全性評価の相談が可能。実用化への審査スピードが向上。国の審査を優先的に受けられ、研究費の弾力的な運用が可能	—

（出典：政府、神戸市などの資料により作成）

表7・1(2)　政府などによる特区などの支援策

年次など	名称	主たる支援内容	主な規制緩和	主な課税減免措置
2009 文部科学省・経済産業省	産学官連携拠点形成支援・グローバル産学官連携拠点事業：	両省の施策を有機的に組み合わせて総合的・集中的に実施。人材育成・基礎研究から実用化・事業化までの活動を産学官が有機的に連携して推進し、持続的・発展的にイノベーションを創出する仕組み、いわゆる「イノベーション・エコシステム」の構築を図るための取組を支援	実現手段：研究成果最適展開支援事業（文部科学省）、大学発事業創出実用化研究開発・地域イノベーション創出研究開発事業（経済産業省）など	
2012 内閣府	関西イノベーション国際戦略総合特区 京都府、大阪府、兵庫県、京都市、大阪市、神戸市	ライフサイエンス、新エネルギー分野に集中投資し、世界に向けて新しいイノベーションを生み出すことが狙い。神戸医療産業都市地区では主として再生医療の最先端医療技術の実用化、医療機器の研究開発支援、先制医療の基盤形成、高速コンピュータ「京」を活用した革新的創薬技術への取り組みなど、20の特区事業（「先端・先制医療技術に関する審査・評価プラットフォーム構築」「医薬品の研究開発促進」「イノベーションを担う人材育成・創出」）が採択	・通訳案内士以外の者による有償ガイドの特例（通訳案内士法の特例） ・工業地域等における用途制限緩和（建築基準法の特例） ・特別用途地区内における用途制限緩和（建築基準法の特例） ・工場立地に係る緑地規制の特例（工場立地法及び企業立地促進法の特例）他	・投資税額控除：新たな機械・建物等の取得価格の15%（建物等は8%）を法人税額から控除 ・特別償却：新たな機械・建物等の取得価格の50%（建物等は25%）を普通償却額に上積み ・所得控除：規制特例事業を行った場合、事業課税所得の20%を損金算入（5年間）
2013 内閣府	国家戦略特区 （関西圏：大阪府、兵庫県、京都府）	医療等イノベーション創出、チャレンジ人材拠点形成に向けた特区。関西圏として保険外併用療養に関する特例、病床規制の緩和、IPS細胞などの試験用細胞製造解禁、革新的医療機器、医薬品の開発迅速化など37事業が展開	神戸医療産業都市としては、高度医療提供事業として神戸アイセンターにおける病床30床を認定	―

(出典：政府、神戸市などの資料により作成)

として都市再生の動きを顕在化させてきた。都市再生プロジェクトは、国直轄事業、まちづくり交付金および各種の補助事業、民間都市再生事業と関連した取り組みの促進、さまざまな主体によるソフトなまちづくり活動、関係者間の連携構築の支援など複合的手段から都市再生を支援するものである。ここでは、「大阪圏におけるライフサイエンスの国際拠点形成」として、「神戸地域を再生医療等の基礎・臨床研究と先端医療産業の集積拠点とするため、研究機能の強化、起業化支援等に必要な施策を集中的に実施する」とした。実際には、ポートアイランド第二期地域のポートライナー整備が位置づけられた。

◆神戸医療産業都市始動期における知的クラスター創成事業

　知的クラスター創成事業は、Ⅰ期、Ⅱ期とも「新技術による新たな地域産業創出」[13]が狙いであったが、目標は関西圏域における国際競争力のあるバイオメディカル・クラスター形成を目指すものであった。この知的クラスター創成事業は規模が大きく、第Ⅱ期では「関西広域バイオメディカル・クラスター構

想」全体で年間 12 億円（神戸地域で 6.75 億円）の事業費が投入された。

　第Ⅰ期では、先端医療センターを中心に関西の大学・研究機関・企業の幅広い参画のもと、先端医療技術の実用化に体系的・包括的に取り組んできた。また、基礎研究の臨床への応用（トランスレーショナル・リサーチ）や技術シーズの事業化を推進する仕組みづくりを進めてきた。大阪北部（彩都）地域と「関西広域クラスター」として連携し、さらに近隣のバイオメディカル産業関連のクラスターとの連携・協力を実現してきた。第Ⅱ期では、「研究成果の事業化・実用化に向けた仕組みづくり」において、先端医療・予防医療分野については、需要側である市民や患者の立場に立ち、研究者や企業の技術を組み合わせて医療・健康サービスを効率的に実用化する仕組み「メディカルイノベーションシステム」の構築を目指し、「広域化プログラム」において、欧州メディコンバレーやシンガポールとの連携が行われることとなった。

　文部科学省の知的クラスター評価報告書において、「(神戸医療産業都市では)「知的クラスター創成事業」という枠を超えた都市改造事業の色彩も強く、壮大な「社会的実験」ということも事実である。すなわち今後のクラスターの発展・成長は、神戸市の都市経営の方向性にも影響を受ける。例えば、多くの施設の維持コスト等将来の財政負担と事業との関わり等、知的クラスター創成事業の本質とは異なる部分で挫折しないような体制・意識を持つことも必要である」としたうえで、「大学、理研、産業、病院の相互作用によりイノベーションが生み出される仕組みは整った。一方で、事業資金は中小企業基盤整備機構や神戸市の公的資金主体であり、民間資金の導入と、会社経営ノウハウの移転等ベンチャー企業育成のための重要な機能が不足した点は否めない」と指摘している。震災復興プロジェクトにおける都市再生のエンジンとしての役割をあらためて確認し、日本でもまだ経験がほとんどないハイテク・クラスターのマネジメントへの期待と懸念を示したものと言える。*14

　神戸市は、1999 年の「神戸医療産業都市構想懇談会報告書」の策定以降、知的クラスター事業評価を経て、2007 年に「神戸健康科学（ライフサイエンス）振興ビジョン」を策定した。さらに、2015 年には振興ビジョン（改訂版／増補

を策定している。こうした計画実現への過程で、神戸医療産業都市がどのように進化しているのかが問われている。

◆動き出した「特区」

阪神・淡路大震災の復興において、研究者、自治体、経済界が経済復興のエンジンとして提議した特区「エンタープライズ・ゾーン構想」は、先に言及したように被災地をいかに自律的復興に導くかを試みる提案であった。エンタープライズ・ゾーン構想の実現はかなわなかったが、その後「構造改革特区」「都市再生」「地域再生」という一国多制度をも指向する変化へとシフトする。

2002年、「地域の自発性を最大限尊重することで活性化をはかる」として、内閣に構造改革特区推進本部が設置され「構造改革特区」がスタートしたのを皮切りに、東日本大震災からの復興を加速するための「復興特区」(2012年)、産業の国際競争力強化、国際的経済活動拠点形成を狙う「国家戦略特区」(2014年) などが相次いで設置された。[*15] 2003年、神戸市では構造改革特区第1号として「先端医療産業特区」「国際みなと経済特区」など4か所が指定された。これは、表7・1に示した規制改革により、国内外の優秀な研究者、技術専門家などの人材確保、外資企業の参入障壁を低減しバイオベンチャーなどの育成を加速するなどして、産学連携の加速、研究教育機関や企業の集積促進などを企図したものであった。

2011年12月、総合特区制度のもと、国際戦略総合特区及び地域活性化総合特区の指定がスタートした。2013年12月には、国家戦略特区が施行された。[*16]

◆関西イノベーション国際戦略総合特区と国家戦略特区

2011年、神戸医療産業都市は、関西6自治体（京都府、大阪府、兵庫県、京都市、大阪市、神戸市）で国に総合特区を共同申請し採択された。この関西イノベーション国際戦略総合特区において、神戸医療産業都市地区では、再生医療などの最先端医療技術の開発などを核に、関西9地区の連携を加速するとした。ここでは、建築基準法、工場立地法及び企業立地促進法の特例適用、税制上の特例措置が適用されている。さらに、2013年には国家戦略特区の指定を受けている。兵庫県・神戸市は「ひょうご神戸グローバル・ライフイノベーショ

ン特区 ～「iPS」で世界を変える～」と題した国家戦略特区提案を行っている。ここでは、「iPS細胞を初めて医療として実用化した神戸クラスターがその技術を活用して、世界の人々のライフスタイルに変革をもたらす「グローバル・ライフイノベーション」を兵庫・神戸から世界に展開する」とした。*17 国家戦略特区においても、さきの関西イノベーション国際戦略総合特区と同様、税制、金融支援が準備されている（表7・1）。

　地域政策に関わる「グローバル化」「構造変化」のなかで、多様化し変化する都市問題への対応に既存の硬直化した制度・仕組みが機動的に即応することは困難と言わざるをえない。イノベーション（創造的破壊）は社会の仕組みにも必要である。その意味で、「特区政策」は、地域政策におけるこれからの地域経済再生・活性化の1つの手段として位置づけることができる。地球規模での経済競争が拡大するなかで、単なる税制優遇措置や補助金提供では、一過性の振興策になりかねない。地域資源の統合とそのマネジメントを戦略的に行う特区の提案でなければならない。役割を終えた慣習や既得権益を排し、地域のダイナミズムを刺激する特区の構築が必要である。*18

第2フェイズに向けたクラスター政策

　神戸医療産業都市のバイオメディカル・クラスターは、神戸市における都市イノベーション・システムの核心部の1つである。ここでいう都市イノベーション・システムとは、知識・知恵が集積し、組織間が交流・融合することによって新たな価値を創造するインフラや仕組みを意味している。クラスター進化に向けた政策の視点は「多様な主体のコラボレーション」にあるといって過言ではないだろう。しかし、産業活性化のためのコラボレーションの困難は、これまでの多くの経験からも明らかな周知とも言える。とりわけ、最先端の技術・研究開発を基礎とするこの領域での難しさは想像に難くない。海外におけるハイテク・クラスターの成長に向けた議論においても、「大学や企業が温存する柔軟性を欠いた旧弊「文化」の再編」*19 が必須との指摘もある。クラスターにおけるオープン・イノベーションをいかに創出するかが重要な課題であろう。人材

輩出もクラスターのダイナミズムを維持するうえで重要なポイントだ。研究・教育・ビジネスが重層的に関係性を有しているパッケージとしての神戸医療産業都市を展望することが重要であろう。大学、研究機関、病院、企業など異なる行動原理の主体が連動・連携するためには、クラスターのガバナンスが必要である。神戸医療産業都市では、(公財) 神戸医療産業都市推進機構がこの役割を果たしている。同機構は、先端医療研究センター、医療イノベーション推進センター、細胞療法研究開発センター、クラスター推進センターの4センターを核として、クラスターにおいて主軸となる研究領域をリードしている。このなかで、クラスター推進センターは、企業や大学・研究機関、医療機関などとの融合・連携促進、集積による相乗効果創出、さらにはビジネスマッチングなどの支援体制の構築、国際展開などの推進などを進めている。

　現代の産業政策においては、地理的に集中する特定分野の関連企業や機関群が、相互に競争しつつ協力する新たな関係性を実現することが課題だ。その際、イノベーションの基盤とも言うべき「関係性」を再編成・強化し、施策融合を狙いとしたコーディネーション政策が必要である。分離していた境界をどのようにつなぐのか、あるいは溶融していくのか。クラスター進化の過程で、政策形成とその実施を担うパートナーシップ組織としての推進機構の役割は大きい。[*20]

4　神戸医療産業都市の深化に向けて

　2013年6月、政府は「日本再興戦略」を閣議決定した。そこでは、戦略的市場創造プランとして、再生医療などの医療関連産業の市場規模を2020年に16兆円（戦略策定時は12兆円）に拡大するとして、「医療分野研究開発の司令塔日本版「NIH」の創設」「先進医療の審査迅速化」などが盛り込まれた。2014年には、医薬品医療機器法（旧薬事法）が施行された。再生医療の発展の加速や医療分野の産業振興が施行の目的である。例えば、医療機器の製造業は許可制から登録制に簡素化され、iPS細胞などの再生医療製品は条件付き承認制度が導入されている。ここ数年の政府のかかる領域での規制緩和や審査体制の充

実は加速しているようだ。2015年には、医療研究の司令塔を目指し国立研究開発法人「日本医療研究開発機構（AMED）」が本格的なスタートを切った。各省庁からの一元化予算を活用し、医薬品や再生医療の研究などを、基礎から実用化まで一貫して推進することを目的としている。

また、こうした国の大きな政策進化のなかで、企業の再生医療への進出をはじめ、産業化へのさまざまな動きも顕在化し始めている。資金調達などの課題も指摘されるとはいえ、市場規模拡大を促す日本の産業政策がもたらすインパクトを神戸医療産業都市が的確に受け止めていく体制づくりが重要である。

さらに新たな地域政策への視点に言及したい。神戸医療産業都市の出発点は、阪神・淡路大震災からの復興を目指したエンタープライズ・ゾーン構想であった。バイオメディカル産業という急速な技術革新が展開する領域では、これに呼応する制度・仕組みの絶えざる編成が継続しなければならない。柳川範之は、「制度の巧拙が国の競争力を大きく左右する」と言う。[21]

神戸医療産業都市については、日本のバイオメディカル産業の議論であると同時に、地域産業政策の課題でもある。柳川は、「地方自治体にある程度の制度設計上の自由が認められていて、自治体レベルで独自のルールができる範囲もある」と指摘する。[21] グローバル競争下にあるハイテク産業においては、自治体間の競争と同時に自治体間の広域連携による競争力強化も不可避であろう。バイオメディカル産業だけでなく、AIやこれからの先端領域において、先鋭化する技術イノベーションに的確に呼応する社会イノベーションを整備することが次世代地域産業政策にほかならない。

[注釈]

＊1　加藤恵正「地域政策」経済地理学会編『キーワードで読む経済地理学』原書房、2018年、pp.597-607
＊2　加藤恵正「震災復興における都市産業・経済政策－制度的側面からの検証と提案－」『都市政策』116号、2004年、pp.3-49
＊3　この間の経緯については、以下の論文などを参照のこと。今西正男「神戸医療産業都市の成果と今後の展望」『都市政策』160号、2015年、pp.38-46、三木孝「神戸医療産業都市構想の成果とクラスターの将来像」『都市政策』128号、pp.28-35、(財)先端医療振興財団編『神戸医療産業都市の戦略－瓦礫の中から未来を拓く－』2011年

* 4 「神戸医療産業都市経済波及効果検討委員会」（委員長・加藤恵正）において検討を行い、野村総合研究所が推計を行った
* 5 例えば、Department of the Environment (DOE), *Final Evaluation of Enterprise Zones*, HMSO, 1995
* 6 Mikel G. Uranga, Goio E. Kerexeta and Jordi C. Velsasco, 'The Dynamics of Commercialization of Scientific Knowledge in Biotechnology and Nanotechnology', *European Planning Studies*, 15-9, 2007, pp.1199-1214
* 7 Arne Isaksen, 'Cluster Evolution', in Philip Cooke et al. (eds), *The handbook of Regional Innovation and Growth*, Edward Elgar, 2011, pp.293-302
* 8 近年、こうしたクラスター進化に関わる研究は成果を蓄積しつつある。例えば、青木勝一「産業クラスターの進化メカニズム：ソーシャル・キャピタルとの共進化の視点から」『国際公共経済研究』第27号、2016年、pp.21-32、Tel Wal, A. and Boschma, R. 'Co-evolution of Firms, Industries and Networks in Space', *Regional Studies*, Vol. 45, No7, 2011, pp.919-933
* 9 各社ウェブサイトを参照
* 10 Koen Frenken, Frank Vanoort and Thijs Verburg, 'Related Variety, Unrelated Variety and Regional Economic Growth', *Regional Studies*, Vol41, No. 5, 2007, pp.685-697
* 11 武田卓「国際拠点へ！神戸医療産業クラスター バイオ・ベイの中核 神戸医療産業クラスターにおけるイノベーション実現」『日薬理誌』143号、2014年、pp.78-83
* 12 加藤恵正「動き始めた都心再編－知識創造とイノベーションの拠点へ－」『都市政策』171号、2018年、pp.16-25
* 13 矢野良治「神戸地域におけるバイオメディカルクラスター形成の取り組み」『都市政策』128号、2007年、pp.23-27
* 14 文部科学省『知的クラスター創成事業終了評価報告書 神戸地域（平成18年度終了地域）』2008年
* 15 加藤恵正「分岐点の地域政策－地域を動かす仕組みづくりへ」加藤恵正編著『都市を動かす－地域・産業を縛る「負のロック・イン」からの脱却』同友館、2016年、pp.12-24
* 16 加藤恵正「復興特区の現在とその可能性」室崎益輝・冨永良喜編著『災害に立ち向かう人づくり』ミネルヴァ書房、2018年、pp.204-226
* 17 兵庫県・神戸市『ひょうご神戸グローバル・ライフイノベーション特区－iPSで世界を変える－』2013年
* 18 加藤恵正「被災地経済の再生と新たな発展－社会イノベーションの加速を－」『都市政策』146号、2012年、pp.12-19
* 19 Gomez Uranga, M, Etxebarria, G., Campas, J. "The Dynamics of Commercialization of Scientific Knowledge in Biotechnology and Nanotechnology", European Planning Studies, Vol. 15, number 9, 2007, pp.1199-1214
* 20 加藤恵正「広域圏の競争力とコーディネーション・オプション」『都市政策』167号、2017年、pp.14-20
* 21 柳川範之「「一国多制度」検討の時」『日本経済新聞』経済教室、2018年3月12日朝刊

8章 クリエイティブ地方都市福岡のモデル確立に向けて

谷川徹

I クリエイティブ都市への挑戦

地方中枢都市からクリエイティブ都市へ

◆起業という新しい潮流

　福岡市は、福岡県庁が所在する政令指定都市である。福岡県内にもう1つある政令指定都市、北九州市が新日鉄を中心とする工業都市であったのに対して、福岡市は商業都市、消費経済都市、支店経済都市と呼ばれてきた。札幌、仙台、広島とともに、地方都市では頭1つ抜け出した地方中枢都市や広域中心都市と位置づけられてきたものの、クリエイティブな都市とはみなされてこなかった。福岡市内に本社を立地している大企業は、電力、銀行、鉄道、流通などの地域市場をマーケットとする企業であり、イノベーションやクリエイティビティという概念からは縁遠い存在であった。

　その福岡市に、2000年代後半から外資系企業やIT企業の進出が増加し始めるとともに、福岡市内で創業したベンチャー企業も増加し活況を呈している。福岡市は、山と海に囲まれた自然豊かな大都市であると同時に、都市機能、文化機能も充実している。都市構造的にはコンパクトであり、人口は約150万人

であるが、人口密度は名古屋市に匹敵する。暮らしやすさ、住みやすさに対する市民の評価も高い（2018年福岡市政意識調査では、福岡市は住やすいという市民が97.1％、住み続けたいという市民が92.8％であった）。

　クリエイティビティは、ライフとワークのバランスが取れ、若年層から高齢者までの多様な世代と多様な国籍の人材（Talent）との共生が可能な、生活の質の高い都市において生み出される。都市の自立と成長は、生活環境の良さと雇用の量と質が前提条件であるが、福岡市では住みやすさという条件のうえに、「起業」の増加によって、雇用の多様性が増加すると同時に、クリエイティビティによる新しい価値創造が行われるようになった。

◆福岡の優位性

　福岡にはアジアに近いという地理的有利性もある。留学生をはじめとする外国人が多く多様性に溢れている。特に留学生の数は、北海道、東北、四国を合わせても福岡県の留学生数には及ばない（2017年5月末現在の福岡県留学生数は1万7519人で、東京都、大阪府に次いで日本第3位である）。

　さらには芸能や伝統工芸の歴史があるうえオープンな文化風土などの要素もあり、「博多スタイル」ともいうべき自由でクリエイティブな生き方が広がっている。また、高度な研究成果をもとにした大学発ベンチャー創出も、この数年増加の兆しがあり、福岡市は商業都市、消費経済都市という性格を超えて、シンガポールなどと同様のKnowledge Economy City（知識経済都市）、クリエイティブ都市への道を歩んでいる。

燃える街、福岡

◆群を抜く成長

　今福岡が熱い。福岡市は過去5年間で全国政令都市中、断然トップの人口増加率、人口増加数を誇り、その人口は154万人と神戸市を抜いて全国第5位となった（2015年10月国税調査）。人口構成上も10代20代の若者が多く（22％：政令指定都市中第1位）、かつ20代以上すべての世代において女性数が男性を上回る女性比率の高い都市であって、[*1] 街は若々しく華やかな雰囲気がある。

このことは、福岡の新しい文化、変化への感度の高い都市という評価に繋がっており、実際に福岡市は、さまざまな商品やサービスのテストマーケットとして活用されることが多い。日本で初めて、あるいは東京に次いで2番目の店舗を福岡に出店するブランドショップも増えている。このように新しい価値を受容する雰囲気の存在、商業都市として多様な存在を受け入れてきた伝統が、福岡市においてクリエイティビティを生む素地を形成していると言えよう。

　産業的には、九州外からITなどの成長業種企業、本社機能の進出が相次いでいる（2017年度までの5年間で毎年50社以上進出。5年間合計282社）。[*2] 特に過去数年は、LINE㈱の国内初の新拠点開設（2013年：LINE福岡㈱本社）、ヤフー㈱の開発センター開設(2017年)、スタートアップトゥデイ㈱の研究センター開設（2018年）など、わが国有数のIT企業が福岡市に進出した。これらは、福岡市に近接するアジア市場を睨んだ布石であり、また豊富な人材活用、有力研究大学との連携を前提としたビジネス展開を狙ったものである。

　この結果、福岡市の商業地の地価は、2018年に福岡市全体で11.2％、特に博多区で15.2％という高い伸び率を示した。中央区の大名小学校跡地には、リッツカールトンの入る複合高層ビルの建設も決まっており、上昇率は13.5％となるなど、成長の勢いが顕著である。

◆活発な起業

　ただこれに増して特筆すべきは、福岡市の開業率が3年連続全国21大都市中第1位と高く（2015年度7.04％）、特に若者（25歳〜34歳）の起業者比率が、ほかの都市に比べて群を抜いて高いことである（12.3％：全国21大都市中第1位）。[*3] すなわち、福岡市は、若者による創業が活発で勢いがあり、成長・発展の可能性が高い都市として全国から注目されているのである。

　最近では、創業後数年にしてベンチャーキャピタルから数億円以上の投資を受け、成長軌道に乗り始めたベンチャー企業も出てきている。登山情報サイト運営の㈱ヤマップ（YAMAP）や、機械学習のクラウドプラットフォームを提供する㈱グルーヴノーツ、IoT関連事業の㈱スカイデスクなどである。また、次世代有機EL発光材料の開発を進め、韓国のサムスン電子やLGからも投資を得

る九州大学発ベンチャーの㈱Kyuluxなど、世界市場で大きな発展が期待できる骨太の研究開発型ベンチャー企業も存在する。さらに、台湾から福岡に進出し日本市場全体への展開を図るゴルフ関連アプリケーション開発のゴルフェイス㈱など、海外からの進出組も出始めた。

◆国内外調査機関からの高評価

かつて福岡市は、『ニューズウィーク誌 アジア版』において、半導体産業集積や近郊の自動車産業の存在などが評価され、世界で最もホットな10都市の1つに選ばれた(2006年)。しかるに北部九州を中心とする半導体産業が輝きを失った現在は、主役が変わって福岡市の新産業創出力が評価されている。

㈱野村総合研究所が2017年7月に発表した「成長可能性都市ランキング」において、福岡市は全国100都市中、総合ランキング（実績と将来のポテンシャルを含めた総合的な産業創発力）が東京に次いで第2位、ポテンシャルランキング（これからの伸びしろ）が第1位と、高く評価されている。また同じく2017年10月に発表された、森記念財団都市戦略研究所の「日本の都市特性評価2018」でも、都市力ランキングが全国72都市中、京都市に次いで総合第2位となった。福岡市の新設事業所増などが評価されたことによる、経済・ビジネス面の高評価（全国第3位）などが要因である。

◆創業支援環境の充実

この数年、福岡市では、学生対象や国際的（英語使用）なものを含め、各種団体主催のベンチャー・ビジネスプランコンペ開催が目白押しで、ベンチャー企業にとって、投資や事業提携のチャンスが大幅に増加している。また成長支援のベンチャーキャピタル、アクセラレーター、コワーキングスペースなどの起業支援組織や施設も次々に開設され、福岡市における創業支援環境は年々充実の一途である。[*4]

さらに、福岡市では起業人材育成の環境も一層整いつつある。2010年には、体系的かつ総合的なアントレプレナーシップ教育機関として、九州大学／ロバート・ファン／アントレプレナーシップ・センター（QREC）が開設された。同センターは全国大学の同教育のモデルともなり、年間1000人近くの学生が受

講している。また 2017 年には、学生起業を支援する九州大学起業部が創設され、部創設時には 150 人の学生が登録、学生起業例も出始めた。民間事業としても、グロービス経営大学院（2013 年開校）、事業構想大学院大学（2018 年開校）、G's Academy（デジタルハリウッド㈱経営の社会人向起業教育機関。東京以外では初の地方展開。2018 年開校）が進出し、福岡市の起業関連人材育成環境は急速に充実の度を増している。

このように福岡市においてはこの数年、新事業創出のエコシステムが着実に整いつつあり、福岡市からの起業増加の可能性は一層向上している。"元気な創業都市福岡"は、これから益々そのスピードを上げると予想されている。

2　福岡市のクリエイティブ都市ポテンシャル

福岡市の利点、地政学的メリット

◆**数多くのクリエイティブ資源**

福岡市では、2000 年代後半より都市としての成長スピードを加速させ、特にベンチャー企業の創業が活発となっている。その背景や要因は以下のとおりである。

①コンパクトシティ

　約 150 万人の人口で、行政や経済界のトップと起業家との距離が近く、また起業例が東京などに比べて相対的に少なく、注目を浴びやすく創業しやすい。

②クォリティオブライフ（生活の質）の高さ、ビジネスコストの安さ

　自然環境に恵まれ都市機能、教育環境も充実、生活コストも安く暮らしやすく人材を引きつける。[*5] ビジネスコストも安く（都心不動産の賃料は東京の半分以下）、ベンチャー企業が創業しやすい。

③交通の便の良さ

　国際空港が福岡都心から約 10 分と至近で、離発着便数も国内 3 番目に多く、新幹線、高速道路網も整備されており、ビジネス環境が充実している。

④アジアへの近接性

世界の成長市場たるアジアに近接。福岡空港からソウル40分、上海1時間半、台北2時間などと近く、アジア直行便も多数でアジア市場を活用した発展が可能である。

⑤多様性、異文化の受容性

福岡市内の在留外国人数は全国21大都市中第8位（2017年12月末現在3万5873人）。また過去5年間の在留外国人数増加率（42.6％）は、同第1位で多様化がハイピッチで進展。また全国でも珍しい外国人ビジネスマンと日本人との交流コミュニティ（福岡国際ビジネス協会（FIBA））や、インターナショナルスクールが市内に存在。外国人が住みやすく多様性ある地域社会となっている。

⑥オープンな文化

商業都市、港湾都市であり外部からの移住者、訪問者に寛容な文化があると言われる。国際会議開催数も数多く（政令指定都市中8年連続1位）、多様な人材・文化の交流が盛んな、イノベーションが起こりやすい土地柄である。

⑦ハイレベルの大学の存在、大学数や学生数の多さ

基幹的国立大学で研究型大学の九州大学や、実学に定評ある九州工業大学（飯塚市、北九州市にキャンパス）などが存在し、優れた研究力・成果の活用が可能。また人口比の大学数は全国21大都市中第1位、人口に対する学生数比率も全国21大都市中第3位と高く人材豊富で、[6]ビジネス実施環境として優れた地域と言える。

⑧行政の強いリーダーシップ

高島宗一郎市長を先頭とする、スタートアップ都市（創業の盛んな都市）実現に向けた福岡市の強いリーダーシップにより、さまざまな実質的創業支援策が遂行され、全国有数の恵まれた創業環境である。

以上これらの背景や要因が重なって、福岡市においては、ベンチャー企業の起業活発化と有力IT企業の福岡進出、そして更なる成長と質的な発展に向けたエコシステム形成が進行している。

スタートアップ都市実現に向けた福岡市のリーダーシップ

◆明確なビジョンと大胆な政策

　自然条件、都市機能が良好で、文化風土が都市の成長や新事業創発に適していたとしても、それだけで、ベンチャー企業の増加や外部の有力成長企業の集積が進むものではない。成長を促進し加速するきっかけや推進するエンジンが必要である。ベンチャー企業の起業が活発化している福岡市の場合は、次々に斬新な創業支援やグローバル展開支援政策を打ち出す、福岡市のリーダーシップが強力な推進力となっている。

　そのリーダーシップを体現しているのが、2010年に弱冠36歳で就任した高島宗一郎現市長である。高島市長は、2012年に「スタートアップ都市ふくおか宣言」を行い、福岡市の目指す方向を明確にした。2015年3月には「グローバル創業都市・福岡」ビジョンを策定、改めて福岡市が目指すべき都市像と実現に向けた政策パッケージを明示している。大半がユニークかつ実質的な施策であり、福岡市からの起業増加、有力成長企業や人材を惹きつけることに寄与している。下記に起業促進に向けた実施中の主要施策を示す。

①国家戦略特区「グローバル創業・雇用創出特区」指定（2014年）の活用
　この指定を活用し、海外からの進出起業家やベンチャー企業へのビザ要件緩和、市内での各種実験的事業に関する規制緩和などを実施している。このビザ取得要件緩和により福岡市は、同要件が緩和された全国4都市において、2017年3月までの過去5年間で申請のあった28人中、24人が福岡市での申請という高い実績をあげ、本制度が福岡市において実質的に活用されていることを表している。

②起業相談など各種創業支援を行う「スタートアップカフェ」開設（2014年）
　人材斡旋を含め、起業や海外展開などに関するあらゆる相談、サービスを行う創業支援の総合的ワンストップ窓口で、開設以来延数千件の相談を受けている。カフェ形式のカジュアルな雰囲気で、休日なしの週7日、午前10時から午後21時までオープンし、外部専門家による相談を受け付けている。

図 8・1　Fukuoka Growth Next 入口風景。廃校となった都心の小学校を活用、地域の起業ハブとなっている

　このような利用者本位のサービスは、行政の事業としては珍しい柔軟さであり評価は高い。

③ベンチャー支援の総合的サービス施設「Fukuoka Growth Next」開設（2017 年）

　市内のインキュベーター施設を集約、市内中心部の廃校を活用して開設した。100 社を超えるベンチャー企業が利用登録し、国内外のベンチャー企業数十社が入居。毎月 20 ～ 30 件の各種ビジネス関連セミナーや交流会が頻繁に開催され、福岡市における起業コミュニティのハブ的存在となっている。開設 1 年間で入居企業の資金調達額は 37 億円に上り、本施設の注目度を示している（図 8・1）。

④福岡地域戦略推進協議会（Fukuoka D. C.）の設置（2011 年）

　産学官民連携による福岡市主導の事業創出プラットフォーム組織である。事務局長はじめ事務局スタッフの大半は若い民間人で構成され、行政組織では

対応しにくいさまざまな新規事業を福岡市と二人三脚で推進している。民間的発想とスピード感のもと、九州経済連合会傘下企業や九州大学など、産学官民の連携関係を最大活用することにより事業を実施。地域における融合的ネットワークを主導するエンジンとして、福岡市の新たな価値創造に貢献している。

⑤福岡市実証実験フルサポート事業（2016年度より）

福岡市は、社会課題解決などに向けた斬新な新サービス実用化のための実証実験の場として、国内外のベンチャー企業などに対し福岡市を「場」として活用することを支援している。このサポート事業により、福岡市内のベンチャー企業が実証実験を始めているほか、Terra Drone ㈱やマネーフォワード㈱、楽天㈱などの福岡市外の有力成長企業が福岡で新事業を開始している。さまざまな試行が必要なベンチャー企業にとって、この事業の価値は大きい。一企業では解決し得ない規制や関係先調整を行政が率先して対応することは、創造的なアイデアや技術があっても、実証する場の確保が困難なベンチャー企業や先進的企業にとって、きわめて大きな価値がある。このような環境を整えようとする行政の姿勢は、高く評価されている。

⑥海外との連携

福岡市は、海外の国や都市、創業関連組織など（エストニア、ヘルシンキ市、台北市など）[*7]と、創業支援に関する連携関係を構築するとともに、海外創業イベントへの参加なども積極的に進めている。福岡市内のベンチャー企業の海外展開支援や、海外からのベンチャー企業進出促進のためである。高島市長自らが市内ベンチャー企業を同行させて広報に努めるなど、形だけでなく実質的な結果を出す姿勢が明らかである。実際に成果をあげており、2017年に台湾から福岡市に進出したゴルフェイス㈱はその一例である。

福岡市のリーダーシップ、創業支援策の評価

◆国内外からの起業増に貢献

福岡市の創業支援策は、ソフト、ハード両面において独自性や新規性がある。

そのうえ、行政組織は柔軟性に富み、新事業を起こそうとする起業家や企業にとって当を得た支援策が多い。その結果、ベンチャー企業の起業数増加、外部IT企業の進出数増など、政策意図に沿った効果が生まれている。

　福岡市は、政令指定都市で唯一市内に一級河川がなく大型の製造業誘致が困難であった。また、福岡空港が博多駅から地下鉄で5分の位置に立地しているため、航空法による高さ制限により、市の中心部（天神地区）に高層ビルの建設が困難というハンディキャップを抱えていた。福岡市には支店は多いものの本社機能は少なく、市内の大学卒業生の多くが九州外に流出する状況があった。福岡市が創業支援に大きな力を注いでいるのは、このような状況を変え、ベンチャー企業創出により自ら雇用を生み出すためであり、必然性があったのである。

◆**行政が若い世代の感覚を重視**

　そして特筆すべき点は、高島市長自らが先頭に立ってリーダーシップを発揮し、スピード感を持って新政策を次々に実行したこと、率先垂範して国内外で情報発信に務めたことである。前例踏襲にこだわらず政策実行するスタンスは、時として調整不足との批判を受け摩擦を引き起こす。しかしながら時代の流れを読み、若い世代の感覚を重視する姿勢は、新規創業と成長を目指す若い起業家達から強い支持を受けている。

　前述のゴルフェイス㈱も、ビザ要件緩和の恩恵を受けたほか、Fukuoka Growth Next内にオフィスを確保し、起ち上げ初期のパートナー候補の紹介を受けるなど、大きなメリットを得ている。「福岡市の支援があったからこそ日本市場でのビジネス基盤確立に目処が立った」と、同社のイアン・リャオCEOは述べている。摩擦を恐れない大胆な都市戦略打ち出しと実行が、街の持つポテンシャルを花開かせた好例である。

3 クリエイティブ都市福岡としての特色・強み

アート、エンターテイメントの系譜

◆アート、エンターテイメントが息づく街、福岡

　福岡は、古くからの武家文化と商人文化の伝統の下、歴史的に祭りや芸能そして伝統工芸が盛んな地であった。現在も、音楽や映画、演劇などの分野において多数のアーティストを輩出する。「博多どんたく」の期間中は、街中のあちこちに仮設舞台が設けられ、福岡市全体が市民の芸事発表舞台と化す。また福岡市内では、「中州ジャズライブ」（2009年～）や、「ミュージックシティ天神」（2002年～）など、何万人もの参加者を集める音楽イベントが毎年、民間企業や市民の主導で開催されている。

　ビジネス面でも、テクノロジーとクリエイティブの祭典と称する、「明星和楽」（2011年～）が毎年開催され、国内外から多数が参加する。アート、音楽、食、デザイン、スポーツなどのコンテンツを集めた、セミナーやビジネスプランコンテストなどの多彩な催しである。こちらも市内の起業家仲間が主導して行うイベントで、福岡市のエンターテイメント文化の勢いを象徴している。

　さらに福岡市内には歌舞伎やミュージカルの常設劇場も立地している。お笑いで有名な芸能プロダクション吉本興業㈱もまた、2018年に常設劇場を開設、芸能人材育成事業も始めた。このように福岡市は、アートやエンターテイメントのリソースおよびプラットフォーム都市として、確かな位置を占めており、クリエイティビティ創出都市の要件を満たしている。

◆ゲーム産業のメッカ

　福岡市は、日本におけるゲーム産業のメッカとも呼ばれている。いまやすっかりメジャーになった㈱レベルファイブ（レイトン教授シリーズ、妖怪ウォッチシリーズなど、メガヒットの作品をリリース）を筆頭に、市内にはゲーム開発会社が多数立地しており、2004年にはGFF（Game Factory Fukuoka）という

業界団体が結成（正会員12社）された。GFFは「福岡ゲームコンテスト」を毎年開催し、千数百件の応募を集めて、福岡がゲームクリエイターの注目する都市であることを示している。ゲーム産業が福岡市に根付いているのは、福岡市がゲームクリエイターを惹きつける生活の質の高い都市である事や、アートやエンターテイメントの息づくクリエイティブな雰囲気を持つ街であるからであろう。

　このように福岡市では、クリエイティブな価値創造にとって重要な、アートやエンターテイメントの伝統が市民のなかに息づき、現在に繋がっている。行政のリーダーシップによる新事業創造の取り組みは、市民や民間企業に根付くクリエイティブな文化風土と共振し、よりユニークで価値のあるものになっている。

クリエイティビティの源泉としての大学

◆デザイン都市、福岡

　福岡市は、市内に九州大学芸術工学部および芸術工学研究院（以下九大芸工院という）はじめ、多くのデザイン系大学や専門学校を有し、クリエイティビティの観点から大きなアドバンテージを持つ。なかでも九大芸工院は国内有数のデザインに関する研究教育組織であり、かつての九州芸術工科大学・大学院時代より、国内外に数多くの著名なデザイナーやアーティストを輩出してきた。2003年に九州大学と統合された後も、デザインに関する総合的なハイレベルの研究拠点・人材育成機関として、今もデザイン研究成果創出とクリエイティブ人材輩出の拠点となっている。

　実際にこの九大芸工院からはデザイナーやクリエイターのほか、世界に挑戦するベンチャー企業も出てきている。例えば大学院でメディアアートを学んだ中村俊介が創業した、㈱しくみデザインである。中村が開発した革新的な次世代楽器アプリ「KAGURA」は、幾つもの世界的な音楽スタートアップコンペで優勝するなど、福岡市発のサービス、プロダクトのクリエイティビティが高く評価されている。

　このほか九大芸工院は、昨今世界のビジネス界で注目を浴びる"デザイン思考"に関する日本の研究・教育主要拠点の1つでもある。人間の感性を起点に、

図8・2 ハイテククラスター成立の諸要件。投資家や人材などと並んで、大学の重要性が示されている
(出典：Internet Cluster Analysis, 1999：A. T. Kearney analysis)

新たな具体的価値をゼロから創り出すデザイナー的発想法（デザイン思考）は、クリエイティブ人材育成の観点から有用性が高い。福岡市と九大芸工院とのこの面での連携も進行しており、デザインは福岡市にとり重要なリソースである。

◆ **大学は都市発展の鍵**

福岡市の新しい価値創造の可能性について語るとき、大学の位置づけは大きい。イノベーションのメッカ、シリコンバレーの発展におけるスタンフォード大学の重要性はいうまでもない。欧米において発展する地方都市には、優良な大学が存在している。その意味で、日本でトップクラスの研究型大学の1つ九州大学や、医学部を有する福岡大学、理系大学として評価の高い九州工業大学など、ハイレベルの大学が福岡市や福岡市の近隣に立地していることは、福岡市にとって大きなアドバンテージとなっている（図8・2）。

九州大学は、先に述べた九大芸工院のデザインに関する研究・教育のほか、

ライフサイエンス、コンピュータサイエンス、材料工学、アグリバイオなどの分野において、世界トップクラスの研究レベルを誇り、最近では大学発ベンチャー数も増加している。大学発ベンチャー企業数では、2017年に5位となっている。また新しいイノベーション分野として世界に広がりつつある、ソーシャル・ビジネスの研究や教育、ビジネス創造に関しても、ノーベル賞を受賞したバングラデシュのモハメド・ユヌス博士を特別招聘教授に迎え、日本における中心拠点の1つになりつつある。

このほか九州大学には、多数の優秀な学生や研究者が存在するほか、高いブランド力や、アジアを始めとする広い国際的ネットワークがある。これらは、九州大学発のベンチャーにとってはもちろん、福岡市内発のベンチャーにとってもさまざまな活用価値がある。技術開発支援や海外展開におけるプラットフォームである。大学は、福岡市という日本の一地方都市にとって貴重な財産なのである。

シリコンバレーのベンチャービジネスが、スタンフォード大学の存在なくしては語られないように、福岡市におけるベンチャー育成支援の観点からも、大学活用は重要なテーマである。

高い生活の質、暮らしやすさ

◆福岡が生む新しいライフ＆ワークスタイル

福岡市の暮らしやすさは、「博多スタイル」ともいうべきライフ＆ワークスタイルを生んでいる。先に紹介した㈱グルーヴノーツの佐々木久美子会長は、マスコミのインタビューに答えて、「東京に出ることも考えたが、子育てに最適な街として福岡に住み続けることを選択、そして自らのペースを守る生き方を続ける為に起業した」と語っている。また自分や社員の子供が、楽しみながらプログラミングを学べるアフタースクール「テックパーク」を開設して、働く親が安心して子供を預けることができる環境を自ら整えた。[*8]

このように、自ら望む場所、ライフスタイルを最優先にして、ワークスタイル（起業やビジネス内容）を考えるコンセプトは、福岡では自然なことになり

つつある。150万人を超える人口を抱える都市でありながら、このようなフレキシブルなライフ＆ワークスタイル選択が、夢物語でないと市民に共感されつつあるところが、福岡市の特色であり強みである。福岡市の高い生活の質に裏付けられた暮らしやすさが、クリエイティブ人材を惹きつけ街のクリエイティビティを高めている。

4　福岡市の課題

人材面の課題

◆ 九州外に出たがらない福岡の若者たち

　これまで述べたように、更なる発展可能性に満ちた福岡市であるが、課題もまた存在する。その第一は人材面の課題である。地元における福岡出身人材の構想力不足、チャレンジ精神不足である。誤解がないように言えば、地元福岡出身の人材は、そのポテンシャルや基本的な成長能力において、ほかの地域と比べても遜色なくむしろ高いとも言える。この地の大きな問題は、地元福岡出身の人材が、福岡の生活のしやすさや暮らしやすさのゆえに、福岡外あるいは九州外に出ることを嫌う傾向が強いことである。

　九州大学はじめ地元大学を卒業した優秀な学生も、地元自治体や地元本社の大企業を就職先に選ぼうとする傾向が強い。福岡、九州を離れたくないのである。世界市場を理解し未知の経験を得られる九州外の企業を、社会人最初の働き場所として選択し、挑戦しようとする若者は必ずしも多くない。留学機会も昔に比べれば圧倒的に恵まれているにもかかわらず、募集枠未達という状況も発生している。広い世界で経験を積み、構想力、俯瞰力を持つ競争力ある人材として鍛えられる機会を自ら失っているのである。

◆ イノベーション人材の不足

　福岡市や福岡都市圏に存在する大学の多くは理系中心の大学で、福岡市は、研究・技術開発能力の高い若者やエンジニア、クリエイター人材に恵まれてい

る。一方、日本全体や世界の市場動向を理解し、研究成果やアイデアを具体的なビジネスに繋げ、市場に届けて収益を上げ、持続的なビジネスにできる人材は少ない。そのため事業展開のスピード感も乏しい。つまり、優秀な技術者やクリエイターは多いものの、ビジネス確立に必要なマネジメントやマーケティングに強いビジネス人材が決定的に不足しているのである。福岡市内にビジネススクールの数は増加しつつあるものの、この状況は変わっていない。ベンチャー企業が福岡市で創業しても、成長過程に入った段階でビジネス人材を求めて福岡を離れ、ビジネス人材豊富な東京などに拠点を移すことが少なくない。ベンチャー企業の成長過程における空洞化現象が起こっているのだ。

　言い換えれば、福岡市は新しい価値を生む（変化を創造する）クリエイティブ都市ではあるが、変化を日本全体あるいは世界に拡大して、社会を変革するイノベーション都市ではまだないということだろう。クリエイティブ都市であることは大いに価値があるが、都市の持続的発展という観点からみれば、イノベーションを起こし続けられる人材の確保が福岡市の最重要課題である。

大学との連携・活用

◆大学活用のすすめ

　福岡市に日本有数の研究型総合大学、九州大学をはじめ多くの大学が存在することはすでに述べた。ハイレベルの研究力や研究成果を有し、優秀な学生を多数輩出する大学の存在は、立地する都市の発展にとって活用可能な貴重な財産である。ただし、福岡市では、大学のポテンシャルや価値を充分に活用していない感がある。もちろん、福岡市地域戦略協議会（Fukuoka D.C.）など、大学と産業界や自治体との連携を促すための組織的枠組みは存在している。しかしながら、福岡市が国内外において事業展開を行う場合に、大学を活用して取り組むケースは少ない。福岡市単独で独自に事業を進めることが多いように感じる。

　福岡県が、過去において知的クラスター計画やシリコンシーベルト構想を、大学と積極的に連携して推進し、現在も産学官連携の枠組みたる福岡水素エネルギー戦略会議を組織して、地域のイノベーションを推進しようとしているの

と比べて温度差がある。

　福岡市内で盛んな起業の多くは、高度な技術を活用したものよりも、アイデアとビジネスモデルの巧みさで成長軌道に乗っている感がある。ヘルスケア分野や材料分野などにおいて、高度の研究をもとにした骨太のベンチャー企業が九州大学などから生まれているが、共同研究など大学の研究力を活用することにより、福岡市内ベンチャー企業の成長スピードを、より早くする試みがもっとあってよい。また大学のブランド力やネットワーク力、多数の学生の知恵も活用可能である。産学官連携促進に向けた大学の姿勢は、過去10数年で前向きに大きく変化しており、大学側の受け入れ体制は整っている。この点に関する福岡市の姿勢が変化すれば、福岡市のクリエイティブ都市、イノベーション都市としての展開はより加速すると思われる。

全方位海外戦略の是非

◆アジア市場再評価の必要性

　福岡市は、世界における最大の成長地域たるアジア諸国に近接し、有利な地理的ポジションを有する。福岡市は従来から、市内ベンチャー企業のグローバル展開と海外企業誘致を支援すべく、欧米を中心としつつ全方位的に海外の国や都市と連携関係を結んできたが、一貫した地域戦略はみえない。海外連携には積極的ではあるが、やや総花的な印象が拭えない。連携先は急増しているものの、その後の実質的なフォローアップ体制は心許ない。

　今後は地理的に近く成長著しいアジア国々や都市、関係機関との連携をより強力に進めるべきであろう。アジアには高い経済成長をしている国が多い。市場は拡大しており、大企業はもちろんベンチャー企業にとってもビジネスチャンスが大きい。規制もいまだ緩やかで、競争相手も中国市場を除いて相対的に少ないブルーオーシャンである。文化的親和性が高く、時間的にも距離的にも近いアジア市場での展開は成功確率が高い。地域を問わないグローバル化戦略は、福岡市のビジネスの将来を考える上で重要であるが、初期ステップとしてのアジア圏域でのビジネス支援重点化を、さらに考慮してもよいであろう。

5　福岡市はクリエイティブ地方都市のモデルになり得るか

イノベーション地方都市に向けて

　福岡市は、いまやクリエイティブ地方都市として位置づけてよい。特に、「ライフスタイルを優先して起業を含めたワークスタイルを決める」という層が、福岡市で確実に増えている。福岡の最近の元気さは、そのような意識を持つクリエイティブな人材が主役となってつくりだしている。リチャード・フロリダの言う、"クリエイティブ人材の蓄積と集中化"が始まっている。フロリダは、北部九州を世界をリードする「メガリージョン」の1つに位置づけている。[*9]

　しかしながら、創造した価値を具体的なビジネスとして社会にインパクトを与えるプロセスは、充分に確立しているとは言えない。つまり変化の種を社会変革として実現する、イノベーション地方都市の域にはまだ到達していない。それは福岡市民が、現状の生活の質の高さに満足し、これ以上の変化を求めないせいかもしれない。しかしながら、ネット技術の劇的な進展にみられるように、変化が激しく未来を予測しにくい現代社会において、変化を恐れて立ち止まることは、今の快適な生活のサステナビリティを失うことになりかねない。引き続き変化を創造し、社会的インパクトに繋げ続けてゆくべきであろう。

多様でオープンな地域文化づくり

　すでにみてきたように、福岡市にはほかの地方都市にない多くの強みや特色がある。福岡礼賛本も多数出版されている。[*10,11] 一方、ほかの地方には、福岡市ほどの機能や人的資源はなくとも、共通項として良好な自然環境に恵まれ、高い生活の質が存在する都市がある。独自の価値ある文化や地域資源も存在する。したがって、地域での雇用・起業環境が変われば、地方都市で自らのライフを優先しながら、起業などのワークスタイルを選択する人材が増加し、クリエイティブ地方都市への移行の兆しはみえてくるはずである。ICT系のベンチ

ャー企業の誘致に成功している地方都市も少なくない。

　そのためには、多様でオープンな文化風土づくりが不可欠である。福岡市の事例でみてきたように、クリエイティビティやイノベーションは、多様な人材がフラットに交流するところから生まれる。誇るべき地域資源を活かして新しい価値、雇用を生み出すためには、国内外の人材と地元住民との積極的かつ濃密な交流によって創出される「新結合」も重要である。

　IT技術の発達やネット社会の進展で、起業や情報収集・発信によって地方のハンディは劇的に低下した。重要なのは住民の変化に向けた意欲と覚悟であろう。その意味で既成概念に縛られない若者や移住人材の役割は大きい。彼らこそがクリエイティブ地方都市への道を開く主人公である。もちろん、行政がリーダーシップを持って環境整備を進めることの重要性も忘れてはならない。クリエイティブな市民と行政、このバランスのとれた二人三脚が、福岡市の事例から学ぶ「クリエイティブ地方都市モデル」実現への道と信じている。

[注釈]

＊1　データで見る福岡 Vol. 1　[福岡市の統計情報]
＊2　総務省「平成28年経済センサス―活動調査」などより福岡市作成資料
＊3　福岡アジア都市研究所「Fukuoka Growth July 2016」、総務省「就業構造調査」2012年
＊4　福岡本拠の主なベンチャーキャピタル、ファンドは、㈱ドーガン、㈱ドーガン・ベータ、QBキャピタル合同会社、F Ventures LLP、㈱FFGベンチャービジネスパートナーズ ㈱ジャフコなど（2018年8月末現在）
＊5　イギリスMONOCLE誌"世界で最も住みやすい25都市ランキング"では、2016年第7位。日本では東京（第1位）に次ぐ
＊6　「大都市比較統計年表／平成28年」「平成27年国勢調査」
＊7　サンフランシスコ D-Haus、エストニア政府、ヘルシンキ市、サンクトペテルブルグ市、台北市、台湾 Start-up Hub、シンガポール ACE、タイ国家イノベーション庁、ニュージーランド・オークランド市など（2018年8月末現在）
＊8　村山恵一「革新の都市対抗戦と福岡」『日本経済新聞』2018年7月20日朝刊コラム
＊9　リチャード・フロリダ『クリエイティブ都市論』ダイヤモンド社、2009年
＊10　牧野洋『福岡はすごい』イースト新書、2018年
＊11　木下斉『福岡が地方最強の都市になった理由』PHP研究所、2018年

[参考文献]

・　西澤昭夫ほか『ハイテク産業を創る地域エコシステム』有斐閣、2012年
・　山崎朗ほか『地域創生のプレミアム戦略』中央経済社、2018年

9章 福島の医療機器クラスター

造る拠点から使う・学ぶ拠点へ

石橋毅

I 国内初の医療機器クラスター

ふくしま次世代医療産業集積プロジェクトの発足

◆福島の医療機器生産額

　福島県の産業と言えば、TOKIOが「ふくしまプライド」として宣伝している桃、米、野菜などの農業と考えるのが一般的かもしれない。[*1] しかし実は、福島県の2016年の農業産出額は2077億円であるのに対し、製造品出荷額は4兆8067億円であり全国21位である。[*2] 工業製品のなかでも医療機器生産額は、会津、白河にオリンパスの内視鏡工場が立地した1970年代以降、常に国内上位に位置し、2016年は531億円で全国11位、特に医療機器受託生産額は437億円で全国1位の実績を誇る。[*3]

　2000年に入ると、日本大学工学部電気電子工学科の尾股定夫教授は、触覚技術を活用し、革新的な医療機器の開発に着手した。[*4] これを機に福島県では2005年、産学官連携による医療機器分野に特化した産業振興と集積を図るため、「ふくしま次世代医療産業集積プロジェクト」を開始したのである（図9・1）。「次世代型医業産業」には、企業誘致のみに依存するのではなく、異業種の中

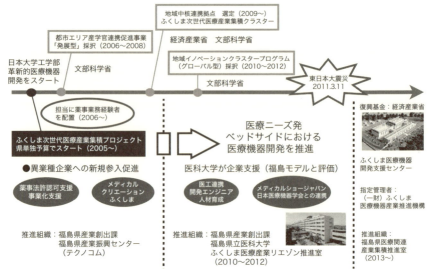

図 9・1　福島県における医療機器産業に向けたこれまでの経過

小企業が自ら新製品を開発し、事業化を進めるという意味が込められている。

◆なぜ医療機器分野を選択したのか

2005年のプロジェクト立ち上げ当時、産学官連携のキーワードは「バイオ」であった。特に、『日経バイオビジネス』2004年12月号の「第1回バイオクラスターランキング」に注目が集まった。

「クラスター」と言えば、IT分野におけるアメリカシリコンバレーが有名である。シリコンバレーは、スタンフォード大学を核として、自然発生的に形成されたクラスターである。それに対して日本では、政府主導によるクラスター形成支援が進められ、全国で30カ所以上のバイオクラスターが誕生した。筆者らは、産官学連携の先進地とされていた静岡、三重、神戸などを視察した。しかし、バイオクラスターのなかで、医療機器分野にフォーカスして産学官連携を進めていた自治体は皆無であった。医療機器は少量多品種生産という特徴があり、大学や地元企業はどの製品に狙いを定めればよいのか絞り込みが難しいというのが、医療機器を敬遠する主な理由であった。

厚生労働省の調査によると、日本の医療機器製造業者の70％以上は中小企業

である。*5 福島県内の統計を詳細に分析してみると、医療用機械器具の部品などの生産金額は全国上位に位置しており、発展ポテンシャルも高いことが明らかとなった。*6

　2005年以降、医療機器に関するナショナルイノベーションシステムにも大きな変革が生じた。2005年4月、薬事法（医薬品医療機器等法）が改正され、これまで医療機器製造業許可制であった仕組みは、製造販売業（元売）と製造業の2つに分離され、医療機器製造の全面アウトソースが可能となったのである。筆者は、大胆な法改正に戸惑う医療機器メーカーや業界の新しい動向を注視しつつ、これまでの医療機器とは無縁の製造業事業者にも医療機器産業への新規参入のチャンスがあると確信した。翌年、筆者は医療機器の許認可業務を行う薬務課から産業創出課へ異動となり、福島県庁のイニシアチブで産業振興を医療機器へと大きく舵を切る企業支援策を担当することとなった。

異業種企業の医療機器への参入支援

◆新規参入支援策〜隣国にヒントを得る〜

　大手企業から電子部品などの受託製造を請け負ってきた福島県内の中小企業にとって、医療機器分野への新規参入は二重の意味で難しかった。特に、不具合がでれば人命に関わる恐れもある医療機器は、他の産業よりも高いハードルとなる薬事法による承認（あるいは認証）、および品質保証体制の構築が待ち構えている。セミナーや研究開発助成金制度があるからといって、すぐに成果の出る分野ではない。どのような企業に対して、いかなる支援を実施すべきか、日本各地の支援策を調査したものの、参考になるような支援策は見当たらなかった。

　海外の医療機器クラスターとしては、アメリカカリフォルニア、ミネソタ、マサチューセッツ、「ケルトの虎」アイルランドの医療産業一大集積地などが有名である。*7 だが、筆者らはあえて韓国原州（ウォンジュ）市の医療機器テクノバレーを中核とした医療機器クラスターを視察した。そこはアジアで初めての医学部と工学部を結合した延世大学医工学部が中核となり、医療機器産業における起業家育成に注力しており、格安の貸し工場制度をはじめとする事業化

支援に特徴があったからである。韓国の地域産業振興策は、事業化、出口戦略を明確にイメージしている。一方、日本の産業育成では、多くの場合、最先端技術というシーズを活用した革新的な医療機器開発に偏りがちで、試作品はできても、市場化しえないケースが多い。試作品製造にとどまるのでは、中小企業は医療機器産業への参入意欲を持てない。

　韓国にヒントを得た筆者らは帰国後、早速中小企業の医療機器分野への参入を促進するため、福島県独自の事業化支援策を構築した。われわれがターゲットとした製品群は、最先端の医療機器ではない。比較的短期に成果の出やすい後発医療機器とした。具体的には、手術用鉗子や工具類やカテーテルに使用される部品などである。開発に比較的時間と費用がかからず、医療現場ですぐに利用できる。これを自動車に例えるなら F1 自動車の開発を目指すのではなく、公道を走れる一般大衆車やその部品の開発・製造というものだ。[*8]

◆かゆいところに手が届く支援〜福島モデル〜

　福島県では、医療機器製造業者への異業種企業による部材供給および OEM（相手先ブランド製造）促進のための企業支援制度を整えた。新規参入企業による自社ブランドでの最終製品の上市（市場での販売）は高リスクと判断し、推奨しなかった。現在でもそのスタンスは変わっていない。

　新規参入企業にはまず、医療機器産業界における商慣習や、医療機器開発の進め方に対する理解を深めてもらうため、研究会（現：医療福祉機器産業協議会、有料会員制）への参加を促した。福島県では、薬事セミナー、薬事個別コンサルテーション、試作品作成費助成金、医療機器メーカーとのビジネスマッチング、展示会出展、開発エンジニアの人材育成など、開発ステージに応じて企業が柔軟に利用できる事業を展開している。

　研究開発から事業化までの一貫した政策支援は、「福島モデル」と称されている。[*9] 自治体の支援策と言えば、セミナー開催や試作開発補助金制度が主である。だが、新たな営業窓口の紹介や取引希望企業への訪問によるマッチングなど、新規参入に意欲のある経営者にとって「ドーパミンのでる」わくわくする仕掛けを打ち出すことこそが、新規参入を実現させる支援の第一歩であると考

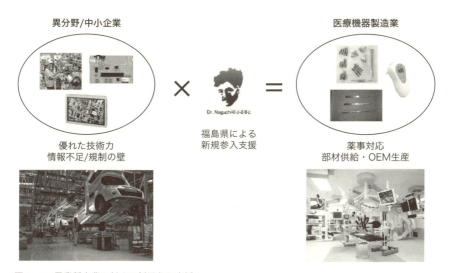

図9・2　異業種企業に対する新規参入支援

える（図9・2）。

薬事許認可支援〜薬事承認はゴールではなくスタートだ〜

　医療機器産業を振興する自治体は、支援メニューの重点を研究開発に置く傾向が強い。最近は国の政策支援制度もあり、医療機器開発経験者を伴走コンサルタントにつけ、薬事承認（あるいは認証）を取得し、保険収載を達成できれば上市、目標達成とされる。だが、医療機器事業はここからが本当のスタートなのである。

　医療機器は「命」に関わる機器である。安定した品質保証体制の構築はもとより、製品を市場に安定供給しなければならない。特に、品質を保持、チェックするための人材の育成は最重要課題となる。品質不良の医療機器を出荷し、回収を強いられ、大きな損失を出した事例もある。福島県では規制当局である県庁薬務課が将来を見据え、品質保証システムのリーダー育成に焦点を置いた人材育成事業にも力を入れている。

2　福島医療機器クラスターの新成長戦略

産業特性の理解と適切なアプローチ

　医療機器産業は、世界的に市場拡大が期待されている産業である。日本政府も成長産業の1つとして位置づけ、先端医療機器の開発支援、海外への輸出促進などの政策に力を入れ始めた。

　しかし医療機器は、自動車や家電製品に代わる日本の基幹産業にはなれない。なぜなら、自動車や家電産業の国内市場規模は50兆円を超えるのに対し、2015年の国内の医療機器産業の市場規模は、推計2兆7500億円にとどまっているからである。医療機器産業研究所長の中野壯陛によると、2040年に4.7兆円にまで拡大すると推計されているが、それでも自動車や家電のような生産規模には到達しない。[*10]

　一般に医療機器は少量多品種である。1ロット数個の生産、半年に1回のオーダーというケースも珍しくない。これから医療機器分野へ新規参入する異業種企業においては、このような医療機器産業の特性と市場規模を十分に理解しておく必要がある。その一方で、薬事規制のかからないヘルスケア産業は2030年に37兆円規模になると見込まれている。医療機器分野にのみ拘泥するのではなく、ヘルスケア産業にも目を向け、事業のバランスを図ることも必要となる。

部材供給・OEM生産から自社ブランド品の製造販売へ

　今や地方の中小企業の高度化が、日本の産業構造の高度化の促進や日本の成長を支える時代を迎えつつある。福島県が医療機器分野の支援を行うのは、製造拠点のアジアシフトが進む時代において、中小企業の空洞化を抑制するためである。地方はいつまでも援助、支援される対象ではない。

　1991年のバブル崩壊、2001年のITバブル崩壊、そして2008年のリーマンショックは、日本経済に大きなダメージを与えた。われわれは、自動車、家電、

半導体が生産量を減少させるなかで、医療機器は景気変動の波に影響を受けない点に着目した。医療機器は売上高成長率も低く、売上額自体も小さいものの、5、10年という長い時間をかけて製品を改良・高度化しながら、ゆっくりと市場を拡大していく製品であり、中小企業の研究開発力の育成にも適している。

注意しなければならないのは、医療機器メーカーは、途中で生産をやめる取引企業を極端に嫌う傾向が強いという点である。筆者は、ある医療機器メーカーから、「中小企業は景気が悪くなると営業に来るが、少し景気が回復すると音沙汰がなくなる、本当に迷惑な話だ」と聞かされたことがある。医療機器の場合、「高品質」「短納期」「低価格」だけでは十分ではない。「安定供給」もまた大切なのである。

福島県内の新規参入企業は、①部材供給からスタートし、②OEM生産で薬事規制を学び、③製造販売業許可を取得し自社ブランド品を上市するシナリオを描いている企業が多い。一方で、金属材料の微細加工技術でニッチトップを目指す企業は、①の部材供給に特化する傾向がある。いずれにせよ、各社全体の売上のうち、医療機器分野の売上が30％シェア以上に高まれば、医療機器への新規参入を成功と判断する企業が多い。

医療機器産業のハブ拠点へ

福島県は、医療機器産業のハブ拠点化を狙っている。そのための大きな仕掛けの1つが「メディカルクリエーションふくしま」である。県内外、国内外を問わず、医療機器という同じ目標に挑戦する企業群が一堂に会し、チームを構成して、事業化を進めていく。県内に限定するのではなく、国内の各地域の医療クラスターと連携しながら、福島医療機器クラスターが発展していくことを想定している。

◆「メディカルクリエーションふくしま」

医療技術・部材供給の展示会と言えば、首都圏や大都市で開催されるMEDTECJAPANやMEDIXなどを思い出す方が多いかもしれない。しかし実は、医療技術・部材供給展の元祖は福島県なのである。

図9・3　メディカルクリエーションふくしま2017。海外からの訪問者が増加している

　日本の医療機器メーカーは、部品の調達先を明らかにしないことが多い。部品そのものが製品の競争力の源泉になっているからである。だが福島県は、あえてこの慣習を破り、2005年から使えそうな製品の用途や過去の実績をできるだけ明記した部材供給展をスタートさせた。

　イノベーティブな製品を次々と市場に送り出すためには、日本にも際立つ技術力をオープンにする文化が必要と考え、時間をかけて地道に産業クラスターを育ててきた。東日本大震災後は、福島県の中小企業と海外企業との取引支援もスタートさせた。その効果もあって、ドイツやタイなど海外企業の出展も増加傾向にある。今となってはすっかり業界から認知され、定例のイベントと言われるまでに成長した（詳しくは4章を参照）。

　一方、課題もある。地域クラスター、すなわち自治体と地域企業らによる合同出展が減少していることだ。国や自治体の予算が削られて出展予算を捻出できないケースや、全国各地で開催される医学系学会や医療産業展示会が増え、出展が分散しているためと思われる。今後は選ばれる展示会をめざし、最新情報の鮮度を上げるとともに、より効果的な商談の仕掛けを提供する必要がある（図9・3）。

3 東日本大震災・原発事故後、クラスターはどうなったか

医療機器企業を呼び込む～フクシマの求心力～

　原発事故後は放射線汚染の問題もあり、外資系企業や海外へ製品を輸出する企業は、県外への生産移管、あるいは輸出中止が懸念された。だが、本事業から撤退した企業はなかった。

◆医療機器メーカーの動向

　アメリカ大手のジョンソン・エンド・ジョンソン須賀川工場の生産は、早期に現状回復した。日本ベクトン・ディッキンソン福島工場は、主力製品である検査用培地の台湾輸出を新たに開始した。デンマーク本社のノボノルディスクファーマ郡山工場は、工場で使うすべての電力を再生可能エネルギーに転換することを決定した。欧米企業が震災前以上に生産体制を強化していることは、福島県にとって大変心強い。風評被害払拭に対しても効果的である。

　世界シェア70％を有する医療用内視鏡のオリンパスは、会津、白河オリンパスの両工場に約200億円を投資し、新棟を増設するなど開発・生産体制を大幅に増強している。

◆新たに福島に進出した企業群

　福島県は医療機器産業集積プロジェクトの推進にあたり、(一財) 日本医療機器学会と連携してきた。当学会は、1923年に発足した産学連携を基盤とした歴史ある学術団体であり、外科手術部門や洗浄滅菌を専門とする。

　これまで福島県は、福島発の医療機器＝手術用医療機器というイメージを打ち出してきた。その効果もあって、100年以上の歴史を有する音叉・手術器具の老舗ニチオン（本社：千葉県船橋市）は、郡山市にテクニカルデベロップメントセンターを新設した。当社の代表によると、神戸という選択肢もあったが、金属精密加工など中小企業群との連携で福島県が優位と判断し、郡山進出を決定したという。同じく手術器械の老舗田中医科器械製作所（本社：東京都北区）

から社員が独立し、郡山市に新会社としてマイステックを設立し、福島の地において地場中小企業と連携し、整形外科領域の新たな医療機器開発・生産を目指している。

ほかには医療介護用ロボットのCYBERDYNE（本社：茨城県つくば市）、外科手術用トレーニングシミュレーター開発製造ベンチャーのイービーエム、人工補助心臓の開発製造のEVIジャパンが進出した（図9・4）。いずれも規模は小さいものの、明日の医療技術を切り開いていくベンチャー企業である。福島県の合い言葉は、「ふくしまから　はじめよう」である。これも地域ブランディングに向けてのキャッチフレーズと言ってよい。

◆異業種からの新規参入企業の動向

東日本大震災・原発事故より以前に、医療機器分野への新規参入を模索していた地元中小企業は、震災後どうなったのか気になるところだろう。現在も医療機器事業を継続している福島県の企業は25社である。医療機器メーカーへの部材供給と最終製品のOEM生産企業が多い（表9・1、図9・5）。筆者の独自調査では、原発事故の影響などで医療機器製造を中止した企業は3社だけであった。

グローバルニッチトップへの挑戦

◆自治体のあるべき支援策とは

当然のことながら、福島県は、新規参入企業においても、大手企業からの受託生産にとどまることなく、いずれは経済産業省の言うGNT企業（グローバルニッチトップ企業）、あるいはドイツの中小企業のような「隠れたチャンピオン（Hidden Champions）」の領域まで飛躍してほしいと願っている。[*11] しかし、その道のりは険しく、また王道も存在しない。ただし、注目すべきGNT企業に共通するのは、海外見本市をうまく活用している点である。

筆者らは、地場の中小企業に、地域外や海外に出てもらい、企業独自の技術を公開する機会を提供することが重要だと考えている。福島県では、ジェトロの支援を受け、欧州やアジアの医療機器主要展示会においても「県パビリオン

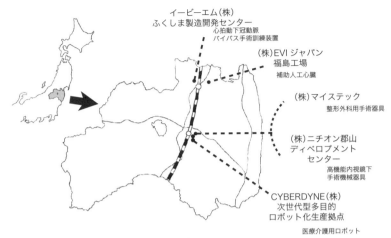

図9・4 東日本大震災後、福島県に進出した主な企業

表9・1 東日本大震災前から新規参入を狙う主な企業の現状

企業名	本社所在地	工場所在地	医療機器部材・製品など	薬事許認可		
				製造販売業	製造業	ISO13485
㈱朝日ラバー	さいたま市	泉崎村、白河市	点滴輸液バッグ用ゴム、採血管ゴム栓（部材）			
アルファ電子㈱	天栄村	天栄村	無線式電子聴診器（製品）、レントゲン操作ボード（部材）		○	○
エコー電気㈱	川俣町	白河市	涙液分泌機能検査デバイス（製品）輸出実績あり	○	○	○
㈲エスク	矢吹町	矢吹町	ステント、カテーテル、および内視鏡部材　輸出実績あり			
㈱北日本金型工業	会津若松市	会津若松市	プラスチック射出成型など医療機器部材			
㈱シンテック	いわき市	いわき市	歯科用矯正ワイヤー（部材）、体内固定用ケーブル（製品）		○	○
㈱住田光学ガラス	さいたま市	田島町	腎結石用高解像ディスポーザブル内視鏡（製品）	○	○	
タカラ印刷㈱	福島市	福島市	医薬品・医療機器添付文書			
㈱東綱	文京区本郷	石川町	整形外科・インプラント用医療工具（製品）			
東成イーピー東北㈱	郡山市	郡山市	医療機器材料のレーザー加工（部材）		○	
林精機製造㈱	須賀川市	玉川村	整形インプラント部材、非吸収性再生用材料（製品）	○		
㈱中野製作所	福島市	福島市	手術、整形外科用医療機器の難加工部材			
㈲品川通信計装サービス	いわき市	いわき市	災害救命救急トリアージシステム（製品）			
北陽電機㈱	埼玉県北本市	矢祭町	輸血用新鮮凍結血漿製剤の血漿融解装置（製品）	○	○	
日東ユメックス㈱	さいたま市	湯川村	純高度マグネシウムを活用したインプラント材		○	
㈱金子製作所	さいたま市	いわき市	内視鏡部材、医療用光学部品			○

9章　福島の医療機器クラスター　　171

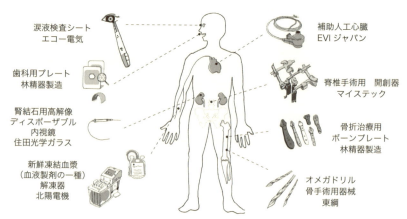

図9・5 主な新規参入企業、新規進出企業の製品群（イラスト：東北芸術工科大学プロダクトデザイン学科 石橋黛子）

出展」を行っており、福島県の企業は無料でブースを設置できる。海外出展によって、自社の技術が海外の企業にどのように評価されるかを確認し、海外企業との共同研究や取引などの「偶然の必然化」を実現することが大切である。

◆レア金属パイプで世界へ挑む

2000年創業のエスクは、高品質な金属精密パイプ製造技術を有する中小企業である。筆者が医療産業集積プロジェクトの立上げ担当となり、2006年に初めて訪問した企業でもある。当時、福島県矢吹町という田舎にある企業が、どうしてメルセデスベンツ用ABS部品を量産しているのか不思議でならなかった。インターネットもそれほど普及していなかった時代に、どうやってドイツ企業とつながったのか。訪問時に、当社代表から国内の取引企業のツテ、口コミで発注がきたと伺った。その時点ですでに自動車用部品メーカーとしてニッチトップ企業であった証でもある。レア金属でさまざまなサイズのパイプが製造できるのであれば、医療の分野、血管内治療に使うカテーテル、ガイドワイヤー、ステントも製造できるのではないかと、筆者らは考えた（図9・6）。

東日本大震災直後、当社代表は「3年間は黙って見ていてくれ」と社員を説得し、県・ジェトロの支援を受け、世界最大級の医療機器展示会MEDICA（ドイツデュッセルドルフ）に出展した。これが海外展開のスタートであり、そし

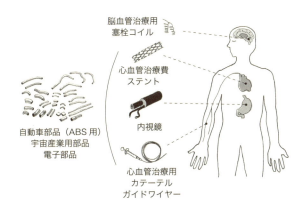

図9・6 レア金属パイプの医療機器への応用展開 (イラスト：東北芸術工科大学プロダクトデザイン学科 石橋黛子)

て輸出増加のきっかけとなった。その後、ドイツ、アメリカ、イスラエル、ポーランドなど、輸出先は10カ国を超え、最近ではベトナム、タイなどアジア地域への輸出も増えているという。国内大手メーカーとの取引も増加し、工場も増設した。新規参入当時は従業員15名、会社の売上に占める医療機器の比率は10％程度であったが、現在従業員は30名と2倍に増え、医療機器の比率も50％以上まで拡大したという。近い将来にGNT企業の座を射止められる基盤は形成された。

◆ 世界一薄い絹織物〜再生医療分野へ供給〜

　福島県には、プラスチック射出成形や金属精密加工を得意とする中小企業が多い一方で、天然素材「シルク」を再生医療分野へ供給する企業もある。シルクの里、川俣町で操業する齊栄織物である。同社は4年の歳月をかけ、世界一薄く軽やかな絹織物「妖精の羽（フェアリーフェザー）」開発し、2012年、優秀な製造業者を称える「ものづくり日本大賞」の最高賞を受賞した。これは東北地方の企業では初の快挙であり、同年グッドデザイン賞も受賞している。その生糸は、髪の毛の太さの約6分の1という超極細だ。海外展示会でのPRが功を奏し、フランスの高級ブランド「エルメス」にスカーフの生地を供給するまでになった。さらに、医療分野だけでなく多様な科学分野における未来の新

素材として注目を集めている。実際、再生医療への応用が期待されるiPS細胞の研究に、この「妖精の羽」が利用されている。細胞の培養に用いる皮膜はできる限り薄い素材が求められ、絹は培養液を通し、熱に強く殺菌効果もあるため、条件を

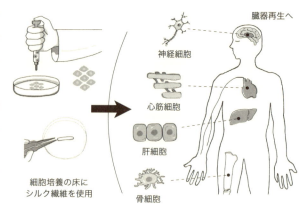

図9・7　シルク繊維の再生医療分野への応用展開（イラスト：東北芸術工科大学プロダクトデザイン学科 石橋黛子）

満たす同社のシルクに白羽の矢が立ったというわけだ。[*12] 現在、徳島大学医学部での研究に不可欠な素材になっている。このようなヘビーユーザーの存在は、今後さらに販路が広がる可能性があることを意味している。最盛期に250社程度あった福島県の織物業者は、現在20社まで激減した。本県の絹織物産業は、戦前の基幹産業であったことを考えると、今こそ産学官連携により次世代シルク産業クラスターを形成し、伝統産業から未来の新素材産業に飛躍して欲しいと願っている（図9・7）。

◆医療介護支援ロボット〜開発から普及促進まで〜

　少子化による労働力不足、介護の厳しい労働環境から介護人材は常に不足しており、福島県でも深刻な問題となっている。特に、福島第一原子力発電所周辺の避難指示解除地域などでは、介護人材の確保は困難となっている。そのような背景もあり、地域産業振興と地域医療福祉政策の観点から、福島県では医療介護機器の開発支援と導入・普及促進支援を同時並行して実施している。

　CYBERDYNEは、2016年、郡山市に次世代型多目的ロボット化生産拠点を開所し、ロボットスーツHAL®の新しいモデルや改良開発、生産を開始した。福島県では、当社へ開発助成金を交付したほか、県内の多くの介護事業所にそれらの完成品を無償貸与し、介護従事者の身体的負担の軽減効果の検証を実施

している。高齢者介護は力仕事であり、腰痛が介護従事者の離職の一因となっていることを踏まえた人材確保策の1つでもある。

　2017年からは、福島県産介護ロボットの購入を希望する介護事業所に対しては購入額の2/3を助成し、介護ロボットの地産地消化を促進している。福島での普及促進が図れれば、量産化によって生産コストを削減したリーズナブルな製品も市場に投入されるようなり、全国的な普及が進むであろう。さらに、介護福祉士養成校へも介護ロボットを無償で貸与している。製品開発にとどまらず、未来の介護を担う学生に早い段階で介護支援ロボットに慣れ親しんでもらう取り組みは、製品の実用化や普及にとって重要な意味がある。

　今後福島県では、介護ロボットに限らず、福島県産の医療機器について、県内医療機関に対する購入補助を行い、まずは医療機器の地産地消化を進める考えである。国産化に成功した新しい医療機器が国内市場で使用されにくいという課題を地域的に解決し、ユーザーイノベーションを促進するという、このような医療機器の普及促進、ユーザー側の視点にたった医療産業振興策は、全国でも例が少なく新しい取り組みと言える。

4　グローバルイノベーション拠点への飛躍に向けて

福島への求心力〜新たな開発拠点誕生へ〜

　2016年11月、ふくしま医療機器開発支援センターが郡山市に開所した。本センターは、福島県が医療機器の開発から事業化までを一体的に支援し、国内初の経済産業省の復興予算を投じて整備した施設である。

　一番の特徴は、大型動物（ブタ）を使った安全性試験や物性・電気安全性試験など、あらゆる医療機器の安全性を評価できることにある。このセンターの開設によって、地域の新規参入企業のみならず、全国の医療機器メーカーから試験を依頼されるようになった。福島県が医療機器開発の中心的機能を担うようになったのである。

図9・8 模擬手術室やシミュレーターを利用した手術トレーニング

　特に大型動物試験施設は国内に少なく、血管内治療用医療機器などの安全性評価が十分に実施できない。本センターは、この課題解決のために海外並に安全性評価設備を充実させた、グローバルスタンダードな機能をもつ施設である。

　また、医師、看護師、臨床工学技士、薬剤師など、医療機関で働く医療従事者向けに、当センター内の模擬手術室、生体シミュレーターや医療機器の実機を利用してスキルアップ、手術トレーニングも実施できる（図9・8）。

　開所から2年が経過し、少しずつではあるが、新しい医療機器の開発を手がけるメーカーからの試験依頼が増えてきた。国内初の施設は試験実績が少ないため、業界に対する営業活動を強化しても、すぐに顧客獲得に繋がらない傾向がある。しばらくは地道に試験実績を積み上げ、ヘビーユーザーの口コミで本センターの重要性や機能性を広めていくしか方法はないだろう。

　一方、日本低侵襲心臓学会とイービーエム社（福島市）の共催で、若手心臓血管外科医らを対象とした手術トレーニングがスタートするなど、全国から多くの医師を受け入れる体制が整った（図9・8）。さらに福島県内の中小規模病院の新人看護師らを対象としたスタートアップ研修、医療機器安全管理責任者を対象としたスキルアップ研修、薬局薬剤師を対象とした在宅医療エキスパート研修などは、受講者からも好評であり、年々利用者が増加している。東北や関東など広域なエリアからの受講も受け入れれば、認知度は向上するであろう。医療従事者へのトレーニングを通して、医療ニーズを発掘し、新たな医療機器

の改良改善を進めていくアプローチも有効であると思われる。

福島医療機器クラスターの行方

　福島医療機器クラスター戦略の最終目標は、グローバルなイノベーション拠点への飛躍である。国内クラスターのハブ拠点化からグローバルなイノベーション拠点への移行には高いハードルがある。東日本大震災後、前述のとおり、福島県ではジェトロ支援で欧州やアジア地域で福島県ブースを出展し、参入企業への海外展開を支援してきた。しかし、福島医療機器クラスターとして、海外医療クラスターとの技術交流や商談が十分にできているとは言いがたい。海外との交流は、距離や言葉の壁もあり、国内クラスター間交流のようにはいかないからだ。次の段階として、特定の医療分野に特化したアンカー企業の県内誘致も進め、特色ある国内ニッチトップクラスターへ成長させることができれば、グローバルイノベーション拠点化の道筋も見えてくるのではないだろうか。

国内ニッチトップクラスター形成への挑戦

　ニッチトップ企業があれば、ニッチトップ産業クラスターがあってもよい。まずは、国内のニッチトップを目指す必要がある。そのためにも2005年から現在までの取り組みを俯瞰し、福島医療機器クラスターの強みを明確にし、さらに、長期的に見てどのような仕組みが必要なのか再検討しなければならない。

◆専門分野の絞り込み〜どの医療分野を選ぶべきか〜

　実績ベースで考えると、福島医療機器クラスター企業群から出荷されている部材やOEM製品、あるいは自社ブランド製品は、「外科や整形外科分野」で使用される低侵襲手術用医療機器類（トレーニング機器も含む）が多く、福島県では、継続的にこれらの分野の改良改善医療機器がリリースできる開発環境の整備、支援体制を強化すべきと思われる。

　医療ニーズから考えると、「災害救命救急」は、福島県が挑戦していかなければならない分野である。さらに、原発地域周辺の避難指示解除区域では高齢者の帰還の割合が高いため、「在宅医療介護」「遠隔医療」は、優先度が高い分

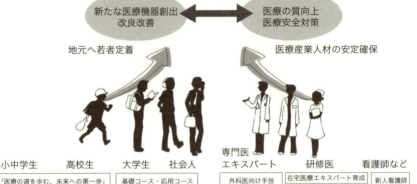

図9・9　福島医療機器クラスターの人材育成イメージ

野でもある。まずはこのいずれかの分野における医療機器開発、事業化を戦略的に強化していくことが望ましいと思われる。

「造る拠点」から「使う・学ぶ拠点」へ

　福島県内における新規参入企業は、医療機器製造業者に発展し、部材供給やOEM生産も実績を積み上げてきた。さらに、老舗医療機器メーカーの工場や若き医療ベンチャー企業も進出し、ふくしま医療機器開発支援センターも開所した。過去の10年は、「企業が医療機器を造る視点」からのアプローチであった。福島医療機器クラスターも道半ばであるが確実に成長している。

　これからは、「医療人が医療機器を使う・学ぶ視点」からのアプローチを加え、「造る」と「学ぶ」が互いに合流する人材育成プラットフォームをつくり上げる必要がある。教育する人材は、企業の開発エンジニアだけではなく、自治体のコーディネーターや海外対応人材も対象となる。将来の福島を担う中学生から大学生に至るまでの学生はもちろん、一般の主婦など市民も含まれる。さらには、医師をはじめとした病院やクリニックの医療従事者への医療安全の向上、スキルアップ研修にも力をいれる必要がある。国内はもとより海外の医療人も

対象にする。手技トレーニングと医療機器の改良開発は、互いに密接に関連しており、幅広い分野での人材育成、そして人材交流が、福島医療機器クラスターを強くするだろう。福島医療機器クラスターの人づくりこそが、グローバルなイノベーション拠点化に向けたカギなのである（図9・9）。

[注釈]

* 1 「ふくしまプライド」福島県のウェブサイト　http://fukushima-pride.com
* 2 農業生産額は、生産農業所得統計（農林水産省）による。製造品出荷額は、工業統計調査（経済産業省）による
* 3 医療機器生産金額は、薬事工業生産動態統計調査（厚生労働省）による
* 4 文部科学省の「都市エリア産学官連携促進事業（発展型）」に採択され本格的にスタートした
* 5 医療機器産業実態調査（2005年、厚生労働省）によると、資本金3億円以下の企業は77.5%、従業員数300名以下の企業は86.6%を占める
* 6 福島県の医療用機械器具の部品等生産金額は、全国第1位195億円（2005年工業統計年報、経済産業省）
* 7 「ケルトの虎」は1995年から2007年まで続いたアイルランドの急速な経済成長を指す表現。政府の税制優遇策などにより、医薬品・医療機器産業の研究所や工場が集積している
* 8 「特集　医療事業はこう攻める　自治体の支援　官の船出も悪くない」『日経ビジネス』2009年10月26日、pp.50-51
* 9 「福島モデル」は、地域クラスターセミナー（文部科学省・経済産業省主催）や日経ビジネスにおいて紹介された
* 10 医療機器産業研究所スナップショットNo.27「2025年及び2040年の医療機器市場の推計値から今後の産業を考える」　http://www.jaame.or.jp/mdsi/snapshot-files/snapshot-027.pdf
* 11 ハーマン・サイモンによれば、「隠れたチャンピオン」とは、「中小、中堅企業で、同族経営・非上場で、地方都市に本社が所在し、社歴が比較的長く、ニッチ市場で世界シェアが極めて高く、売上げの過半を輸出によっている」という共通の特徴を有するものづくり企業である
* 12 一般財団法人大日本蚕糸会・蚕糸・絹業提携支援センター「シルクレポート」2016年11月号

[参考文献]

- 財団法人産業研究所（委託先：株式会社ドゥリサーチ研究所）「我が国医療機器産業の特性と国際競争力強化方策に関する調査研究」2007年
- 経済産業省東北経済産業局（委託先：株式会社ドゥリサーチ研究所）「東北地域の資源を活かした医療機器関連産業集積のための基礎調査」2009年
- 経済産業省商務情報局医療・福祉機器産業室「平成22年度医療機器分野への参入・部材供給の活性化に向けた研究会報告書（委員：石橋毅）医療機器の部材供給に関するガイドブック」2011年
- NPO法人医工連携推進機構『医療機器への参入のためのスタディブック』薬事日報社、2013年
- 石橋毅「福島、東北に新しい花を咲かせよう　医療機器関連産業拠点化に向けた取組みと将来展望」『IIST e-Magazine』一般財団法人貿易研修センター、2014年7月31日
- 石橋毅「医療機器産業集積による福島復興」山﨑朗編著『地域創生のデザイン～多様な地域のポテンシャルを最大限に引き出す～』中央経済社、2015年
- 細谷祐二『地域の力を引き出す企業：グローバル・ニッチトップ企業が示す未来』ちくま新書、2017年

10章 東九州メディカルバレー構想

「医療機器」を核とした地域間連携クラスター政策

根岸裕孝

I 東九州メディカルバレー構想の誕生

東九州に集積する医療機器産業

◆「陸の孤島」宮崎

　大分県は福岡県と隣接しており、政令指定都市の福岡市や北九州市のアクセスも良い。さらに、鉄鋼、造船業、石油化学工業の集積している瀬戸内海エリアにも面している。大分県は、この優れた立地条件を梃子（てこ）として、鉄鋼、石油化学、半導体、カメラ、自動車産業の集積を実現してきた。

　それに対して大分県と宮崎県の間には、新幹線はもちろんいまだ整備されておらず、東九州自動車道が整備されるまで、宮崎県は「陸の孤島」と呼ばれてきた。しかし、東九州地域（大分県と宮崎県）は、美しい自然、温暖な気候、きれいな水、瀬戸内海エリアとの隣接（関西で船でつながっている）という地理的特性を活かし、血液・血管に関する治療系機器において、世界的にも高いシェアを持つ製品の開発・生産が行われている。東九州自動車道の整備と宮崎空港へのJR線乗り入れによって、それまで交流密度の低かった大分県と宮崎県の交流が促進され、両県にまたがって立地している医療機器産業の新しい支

援の枠組みが求められるようになった。

　医療関連産業は、政府の「新成長戦略」（2010年6月閣議決定）にも成長牽引産業として位置づけられている。景気変動に左右されないため地域経済活性化の核となる産業としても期待されている。

　東九州地域医療産業拠点構想（東九州メディカルバレー構想）は、東九州地域における血液や血管に関する医療機器産業をコアにして、産学官の連携を促進して医療機器産業のさらなる集積を実現し、地域経済に対する波及効果の創出を目的としている。さらに、医療の分野でアジアに貢献する地域になることを目指している。[1] 2010年10月に大分県・宮崎県によって策定・公表され、2011年12月に国の地域活性化総合特区として第1次指定を受けている。国の指定を受けて両県は、総合特区制度に基づく地域活性化総合特別区域計画の策定、2012年6月に同計画の承認を受けて、集積促進のための各種プログラムを実施してきた。

◆東九州地域の産業

　東九州地域は、温暖な気候と日照そして降水量に恵まれた自然豊かな地域である。この地域には、鉄鋼・石油・化学などの基礎素材型産業や半導体や輸送機械などの加工組立型産業、および主として地域の農林水産品を加工する食料品産業が集積している。1960年代に大分、延岡・日向地域が新産業都市にそれぞれ指定され、大分地域は新日鉄や昭和電工などの鉄鋼・石油化学の工場誘致に成功した。大分地域は当時新産業都市の優等生と呼ばれていた。一方、日向・延岡地域はこれらの産業を誘致できなかった。

　延岡市は、旭化成の創業地であり、繊維・化学事業を中心とした旭化成の企業城下町であった。しかし、他の化学系企業と同様、オイルショック後に、旭化成のリストラによって、延岡市内の事業所に勤務する従業員数の減少や下請け企業の淘汰・再編が進んだ。延岡市を中心として宮崎県北部地域は、地域経済停滞からの脱却に向けて模索を続けてきたのである。[2]

　延岡市は、東九州地域のほぼ中心に位置する人口約12万人の地方都市である。また同市は、宮崎県北部の市町村から構成されている定住自立圏の中心市

である。延岡市の中核病院は、市民のみならず圏域住民の高度医療を提供する役割を担っている。

しかし、地域の中核病院であった県立延岡病院において医師不足が顕在化し、地域医療の崩壊に直面した。これに対して延岡市は、東九州メディカルバレーと連動して2011年に「延岡市メディカルタウン構想」を策定し、「メディカル産業と健康長寿の花開くまち」を目指してきた。地方においてはイノベーション振興だけでなく、イノベーションとまちづくりの連動や融合もまた課題となる。

県単独では対外的にアピールするほどの集積水準でないという事情もあり（両県の医療機器生産額を合算しても2014年時点では福島県が多かった）、東九州メディカルバレー構想は、大分市－宮崎市間の東九州自動車道が同時期に開通したことも相まって、県境を越えた東九州地域の活性化にむけた政策が動きだしたのである。[*3]

2　血液・血管関連医療産業と地元の大学

血液・血管関連医療産業の集積

表10・1は、2016年の都道府県別医療機器生産額を示している。1位は静岡県3465億9200万円（18.10％）、2位栃木県1766億6000万円（9.23％）、3位茨城県1375億6500万円（7.19％）であり、関東およびその周辺で生産額が多い。そのなかで、大分県は7位、宮崎県は25位であり、福岡県28位、熊本県33位、佐賀県43位、長崎県44位、鹿児島45位を上回っている。大分県・宮崎県は、医療機器生産額において九州1位と2位の県なのである。

図10・1は、東九州メディカルバレー構想に関する生産・開発拠点および大学を示した図である。旭化成は、大正時代に宮崎県延岡市にて創業し、繊維・化学産業を中心として事業を展開してきた。アンモニアを使用した再生繊維「ベンベルグ」をもとに、ダイアライザー（人工腎臓）の製造を開始し、血液回

表 10・1　都道府県別医療機器生産額 (2016 年)

都道府県名		生産金額（万円）	構成割合	都道府県名		生産金額（万円）	構成割合
1	静岡	3465 億 9200	18.10	28	福岡	124 億 8300	0.65
2	栃木	1766 億 6000	9.23				
3	茨城	1375 億 6500	7.19	33	熊本	84 億 4700	0.44
4	東京	1330 億 4000	6.95				
5	埼玉	1150 億 5700	6.01	43	佐賀	13 億 5000	0.07
6	千葉	882 億 8300	4.61	44	長崎	13 億 2400	0.07
7	大分	837 億 200	4.37	45	鹿児島	7 億 3900	0.04
11	福島	530 億 6600	2.77	—	全国	1 兆 9145 億 51	100.00
25	宮崎	168 億 2800	0.88				

（出典：厚生労働省「薬事工業生産動態統計年報」をもとに作成）

図 10・1　東九州メディカルバレー構想と血液・血管関連医療機器の生産・開発拠点と関係大学
（出典：宮崎県ウェブサイト　http://www.pref.miyazaki.lg.jp/contents/org/shoko/kogyo/medical_valley/valleydesign/index.html　（2018 年 9 月 23 日閲覧））

路や血管用カテーテルなどの生産にまで事業を拡大した。旭化成のダイアライザーのシェアは、国内1位（世界では2位グループの位置）である。また、アフェレシス製品（血液浄化デバイス）、白血球除去フィルター（セパセル）は、日本でも世界でも1位のシェアを持っている。

これらの生産を担う旭化成メディカルMT㈱は、旭化成のメディカルグループの子会社である。同社は、延岡市内の工場で部材を生産し、大分県大分市内の工場で最終加工するという、県境を越えた生産工程間分業を行っている。[*4] また、大分市および延岡市に開発拠点を保有している。[*5]

東京に本社がある川澄化学工業㈱は、1954年に東京で創業し、日本で初めてディスポーザブル採血・輸血セットを生産販売した。1964年に大分県佐伯市で同製品の生産を行い、1969年に人工腎臓用血液回路の生産販売を開始した。大分県の佐伯市と臼杵市に生産拠点、同じく大分県の豊後大野市に生産および開発拠点を有している。人工腎臓や透析・血液浄化・人工心肺用の血液回路などの体外循環関連品、血液事業やカテーテルなどの血液・血管内関連品の医療機器や生理食塩液などを製造している。

東郷メディキット㈱は、1973年に宮崎県西臼杵郡東郷町（現日向市）にて人工透析留置針の製造を目的として創業した。現在は、東京に本社があるメディキット㈱の生産子会社として日向市内に生産・開発拠点を置きながら、血管用カーテル、透析用留置針（日本1位）、静脈留置針（日本1位）を製造している。

東九州地域に生産・開発拠点が立地している旭化成グループ、川澄化学工業㈱、東郷メディキットは、今後の成長が見込めるアジア市場をどのように取り込むのかという課題を共有している。

関係大学

大分市に立地している大分大学（旧大分大学と旧大分医科大学は統合）の医学部附属病院は、西日本唯一の治験中核病院があり、臨床の医師・看護師を対象としたトレーニング施設「スキルラボセンター」を併設している。また、立

命館アジア太平洋大学(別府市)は、海外から広く留学生を受け入れる大学として定評があり、約100カ国3000名の留学生が在籍している。同大には健康マネジメントプログラムもあり、海外医療従事者を受け入れた実績もある。

九州保健福祉大学(延岡市)には、保健科学部臨床工学科が設置されており、全国トップクラスの医療機器トレーニング施設が整備されている。また宮崎大学(旧宮崎大学と旧宮崎医科大学は統合)は、研究開発に関わる医療倫理に関する学内体制を全国トップレベルで運用している。

3 東九州メディカルバレー構想の戦略と推進体制
アジアに貢献する4つの拠点形成

2010年に大分県・宮崎県が策定・公表した東九州メディカルバレー構想は、アジアに貢献する4つの拠点づくりを掲げている。

第一は、「研究開発の拠点づくり」である。血液や血管に関する世界的な研究開発拠点の形成を目指している。そのために、産学官が連携し、特に血液や血管に関する医療機器メーカーと大学との共同研究を促進するために、研究環境の整備と研究開発資金の確保、そして研究開発を促進する制度の活用を図るものである。具体的には、血液や血管を中心とした新たな医療技術に関する研究会の設置、大学への寄附講座、産学連携や医工連携の研究拠点構築、大学附属病院と企業の連携による医療機器開発の推進(医療機器の臨床試験センターの設置)、治験ネットワークの構築である。

第二は「医療技術人材育成の拠点づくり」である。大学の施設を活用した最新・高度な医療機器の操作方法修得のプログラム開発やトレーニング施設の整備、海外からの医療技術者受け入れ体制を整備する。その実現のために、大学における医療技術のトレーニングセンターの設置や、アジアを中心とした海外の医療技術者の受け入れ窓口の設置、大学や高等学校に医療技術人材を養成する学科などの設置を目指す。

第三に「血液・血管に関する医療拠点づくり」である。東九州地域発の血液や血管に関する先端医療技術の国際標準化を目指すとともに、その先端技術を活用した血液や血管に関する高度医療を提供できる拠点の整備の検討である。
　第四は「医療機器産業の拠点づくり」である。医療機器産業の集積を促進するために、総合特区制度の支援措置を活用し、医療機器メーカーの誘致を推進する。さらに、医療機器産業は、高度加工組立型産業であるため、地場企業が素材、電子、機械加工といった既存の技術集積を活かして新規参入できるように、企業による参入研究会を立ち上げ、医療機器メーカーとのマッチングや許認可医などのセミナーの開催の支援を行う。福島県においても同様の施策が展開されている（詳しくは9章を参照）。
　同構想で示された4つの拠点形成は、相互に補完・連携しながら、以下の2つの地域戦略実現のための基盤整備になることが期待されている。
　第一は、アジア市場への進出である。血液・血管関連医療機器のアジアへの輸出促進支援とそれを支える人材育成が柱となる。
　第二に地域産業構造の高度化である。地域企業にとって参入が難しい医療機器に対して、産学官連携によって参入を支援し、地域産業構造の変革を促す戦略である。
　医療機器産業への参入、アジア市場への参入、高度人材の育成など、いずれにしてもこれまで以上に高度かつ濃密な産学官連携が不可欠である。特に、研究開発や人材育成拠点（大学の拠点整備）、およびそれらが連携して機能する仕組み（連携組織のあり方）が重要なポイントとなる。

東九州メディカルバレー構想の推進体制

　図10・2は、東九州メディカルバレー構想を示している。大分県と宮崎県にそれぞれ企業および大学、団体、行政組織からなる「大分県推進会議」「宮崎県推進会議」があり、さらに上部組織として東九州メディカルバレー構想推進会議が組織されるという二層構造になっている。
　つまりこのことは、両県は構想推進に向けて各種事業を行っているが、両県

東九州メディカルバレー構想推進会議	
企業：	旭化成メディカル(株)　川澄化学工業(株)　メディキット(株)
大学：	大分大学　宮崎大学　立命館アジア太平洋大学　九州保健福祉大学
行政：	大分県　宮崎県

東九州メディカルバレー構想　大分県推進会議		
企業		旭化成メディカル(株) 川澄化学工業(株)
大学		大分大学 立命館アジア太平洋大学
団体		大分県工業団体連合会 大分県医師会(臨時委員) (株)日本政策投資銀行 (株)大分銀行　(株)豊和銀行 (株)三菱東京UFJ銀行
行政		大分県

東九州メディカルバレー構想　宮崎県推進会議		
企業		旭化成メディカル(株) 東郷メディキット(株)　旭化成(株)
大学		宮崎大学 九州保健福祉大学
団体		宮崎県産業支援財団 宮崎県工業会　宮崎県医師会 (株)日本政策投資銀行　(株)宮崎銀行 (株)宮崎太陽銀行(臨時委員) (株)三菱東京UFJ銀行
行政		宮崎県　延岡市　日向市　門川町

図10・2　東九州メディカルバレー構想推進体制（出典：宮崎県ウェブサイト http://www.pref.miyazaki.lg.jp/contents/org/shoko/kogyo/medical_valley/meeting/index.html（2018年10月24日閲覧））

が単独で実施する事業と両県が連携して行う事業の2つのタイプがあることを意味している。

　地域企業の医療機器産業への参入支援のために大分県では「大分県医療産業新規参入研究会」（後に大分県医療ロボット・機器産業協議会に改組）、宮崎県では「宮崎県医療機器産業研究会」が組織された。

東九州メディカルバレー構想における事業の特徴

◆研究開発拠点、人材育成拠点としての大学

　東九州メディカルバレー構想においては、大分大学と宮崎大学への寄附講座設置を契機として医療機器開発のための拠点整備が開始されてきた。さらにJICAやジェトロと連携して2013年度から実施する事業が加わった。この事業には、ASEAN諸国の医療関係者を日本に招聘して研修を実施するプログラムが含まれている。日本式透析システムのアジアでの啓発・普及を目的としている。

◆大分大学医学部

　2011年10月、大分県と川澄化学工業からの寄附講座である臨床医工学講座が大分大学医学部に設置された。本講座の研究内容は、①血液、血管に係る医療機器開発基礎研究、②研究成果等の臨床応用への展開、③医療工学技術者の人材育成に関する研究である。

　臨床医工学講座は、その後発展的に改組され、2015年4月、大分大学医学部附属臨床医工学センターとなった。同センターの目的・役割は、医療機器研究開発拠点の恒久化と海外人材育成拠点の整備である。同センターは、①県内企業による医療機器の研究開発支援、②日本式医療に係る海外人材育成の企画・実施、③医療機器開発人材の育成支援、臨床現場での実施研修の受け入れ、④医療・福祉機器開発に関する一元的な情報提供などのサポートをしている。

　さらに同センターでは、大分大学医学部附属病院の臨床現場が抱える機器開発ニーズの収集と公表を行い、共同研究や事業化の実現性を高めるため、医師を交えた個別相談会を開催してきた。また、医療機器開発を行う企業などが、時期や期間を問わずに同附属病院の臨床現場で相談、見学、医療現場実習などの研修を行えるプログラムも実施した。さらに、医療機器開発参入を目指す企業研究者を対象とした、医療機器の技術開発、品質管理マネジメント、知的財産、事業化戦略などについて研修するビジネススクールも開催している。

　2015年8月、大分大学は、タイの国立マヒドン大学シリラート病院内に大学初の海外事務所を開設した。この事業所を拠点としてASEAN諸国との人材交流拠点やタイにおける日本式医療システムの普及・啓発を進めている。

◆宮崎大学

　宮崎大学に対しては、2012年2月に宮崎県と延岡市の寄附講座として、県立延岡病院内に血液・血管先端医療学講座が設置された。同講座は、「血液・血管に関する新規医療機器デバイスの研究開発」に取り組んでおり、宮崎大学の産業動物教育研究センターを利用した産学官連携、医学獣医学共同研究として新たな医療機器および医療機器評価法開発の具現化を目指している。

　また同講座は、「血液・血管に関する医療機器デバイスを用いた臨床研究」と

して企業の協力を得て未承認医療機器の臨床応用、アフェレーシス療法の臨床適応拡大を目指した臨床研究、新規デバイスの日本透析患者への導入などを一部は大分県と共同して実施している。

◆九州保健福祉大学

　九州保健福祉大学は、2015年にタイのタマサート大学と教育交流協定を締結し、保健科学部臨床工学科がタマサート大学における血液透析業務などを担う臨床工学技士の養成課程の設置を支援することとなった。タマサート大学関係者が日本の臨床工学技士制度・血液透析関連技術について九州保健福祉大学で研修を受けるとともに、九州保健福祉大学教員がタイで現地研修を実施するなどの取り組みが開始された。これらの成果もあり2017年には、タマサート大学に臨床工学技士を育成するための「国際医療トレーニングセンター」施設が整備された。

地域企業による医療機器生産への参入支援

◆大分県医療ロボット・機器産業協議会～医療機器とロボットの融合～

　すでにみたように、東九州メディカルバレー構想では、2011年に大分県医療機器産業新規参入研究会を設立して、医療関連産業への地域企業の参入を積極的に支援してきた。2014年3月には新たに大分県ロボットスーツ関連産業推進協議会を立ち上げ、県内企業による医療・介護用ロボット関連産業への参入などの支援を行うこととなった。2016年4月に2つの組織は統合され、大分県医療ロボット・機器産業協議会へと再編された。

　大分県医療ロボット・機器産業協議会の特徴は、これまでの大分県の事業や大分県医療産業新規参入研究会、大分県ロボットスーツ関連産業推進協議会の事業を一本化し、新規参入から製品開発、販路開拓までの一貫支援を実施している点にある。会員企業は2018年9月現在で134社、19の支援機関から構成されている。業種別の構成は「医療機器製造業・販売・卸」（18社）、「部材（成型・金属加工など）」（26社）、「部材（電子・電気）」（12社）、「部材（包装・印刷・原材料等）」（10社）、「組立等」（7社）、「施設・設備等」（26社）、

「IT関連」(14社)、「体外診断薬製造・販売 ほか」(4社)、「分析」(1社)などである。医療産業参入促進セミナーや研究開発・普及促進補助事業、専門家派遣事業、医療・福祉機器など機器開発ワーキング、ロボットスーツHALの集中トレーニングのためのツーリズム商品の動画作成などを実施している。

大分県内の地域企業は、介護・福祉を含む医療機器に関心を持つ企業が多い。その背景としてまず、障がい者の働く場づくりを先進的に行ってきた社会福祉法人太陽の家の存在がある。太陽の家は、オムロン、ソニー、ホンダ、デンソー、富士通と共同出資して県内各地に障がい者就業の場づくりを行ってきた。そのため、他県と比較すると製造業企業が福祉・介護に強い関心を抱くようになったと考えられる。『日経産業新聞』(2013年10月9日)では、太陽の家の施設を改装してロボットスーツHALによる歩行支援ロボの運用拠点を設置したことが報道され、注目を集めた。

また、大分県内には東芝、ソニー、テキサスインスツルメンツなどの半導体工業が立地し、半導体部品関連の地場企業も育った。しかし、日本の半導体関連産業の国際競争力低下や、シリコンサイクルにともなう生産変動が激しいため、企業は半導体関連事業のみでは不安と考え、需要変動が少なく半導体関連技術で培ってきた精密加工技術を生かせる医療分野に目を向ける企業が多いという背景もある(『日経産業新聞』2012年8月2日)。

◆宮崎県医療機器産業研究会～動き出した地域企業の医療機器参入～

2011年10月に32社でスタートした宮崎県医療機器産業研究会は、宮崎県内の医療機器産業の振興を図るため、産学官が連携し、企業の新規参入や取引拡大にむけた活動を実施してきた。2018年1月現在で79社にまで会員数は増加している。79社の業種内訳をみると、医薬品および医療機器製造計9社、金属機械加工および設備関連計19社、樹脂成型・ゴム加工6社、電気・電子部品6社、IT関連6社となっている。また、このうち9社は、旭化成関連の機械金属加工の仕事を担ってきた企業が所属する延岡鉄工団地協同組合の企業である。これらの企業は、精密機械加工、管工事、板金、表面処理などを得意としているが、医療機器分野への参入を模索している。『宮崎日日新聞』2013年8月31

日号には、宮崎大学医学部の寄附講座の交流会をきっかけとして市内民間病院と鉄工団地企業が医療補助具を共同開発した事例が紹介されている。

◆大分県・宮崎県連携事業

　両県が連携した主な事業は、大分県・宮崎県と九州ヘルスケア産業推進協議会が連携した医療機器の新規参入支援および販路開拓支援である。新規参入支援としては、東京大学のキャンパスに近く、医療機器メーカーの集積している本郷地区において、医療機器メーカーとの技術展示・マッチング会を共同で開催している。販路開拓支援としては、東九州メディカルバレーブースを共同で設置して国際福祉機器展やHOSPEXジャパンなどの展示会に出展している。

◆地域企業からの医療機器参入

　こうした地道な研究会・協議会の活動によって、着実に地域企業から医療機器製造業の分野への進出につながった。特区指定から2年後には、地元中小企業6社（「印刷・プラスティック」「精密金型部品」「精密部品」「自動車制御機器」「事務用機器、物流輸送機」「自動車部品」）が医療機器製造業の許可を取得（『日本経済新聞』2013年3月15日地方経済面朝刊）するなど順調なスタートをきった。

　その後も順調に参入企業数が増え、結果として2016年度までに目標を大きく上回る18事業所が医療機器製造業の許可を取得し、地域企業による医療機器参入は想定以上の成果となった。

　大分県・宮崎県による2017年1月27日の「第3回全国医療機器開発会議」の資料では、東九州メディカルバレー構想における製品上市事例が3件紹介されている（表10・2）。このうち宮崎県門川町の安井㈱は、発光する鉤である「コウプライト」の製品開発に成功した。松田哲社長は、宮崎県医療機器産業研究会の会長を務めている。安井の事業の柱は、もともとは印刷・発砲スチロール、射出成形などの事業であった。『日経産業新聞』（2017年10月27日）の取材記事では、「メディカル部門と銘打っているが、プラスティック射出成形事業から派生した事業」であると述べている。これまで旭化成のメディカル事業に長く携わり、医療機器を製造する技術やクリーンルームなどの設備は整ってお

表 10・2　東九州メディカルバレー構想における製品上市事例

	徳器技研工業(株)		(株)デンケン		安井(株)
所在地	大分県宇佐市	所在地	大分県由布市	所在地	宮崎県門川町
製品概要	災害時や停電時でもポンプを足で踏み込むことにより、口腔内や器官内のたん吸引が出来る足踏み式吸引器	製品概要	刺激のタイミングをコントロールでき、2筋を同時に刺激可能な新型の電気刺激装置	製品概要	鈎部の先端を透明プラスチック＆LED照明化を図り、術者の視認性を向上させ、術者の負担経験を図る手術器具
販売開始	2013年4月	販売開始	2014年10月	販売開始	2016年11月
	2012年度大分県医療機器研究開発補助事業採択事業		2013年度大分県医療機器研究開発補助事業採択事業		医工連携事業化推進事業採択事業（2015～2017年度）

(出典：大分県・宮崎県 「東九州メディカルバレー構想における成果～広がる地域間連携の取り組み～」2017年1月27日第3回全国医療機器開発会議、p.9 より作成)

り、東九州メディカルクラスターによって地域のサポートが得られるため、メディカル部門への本格参入を決めたと紹介されている。

　筆者による電話ヒアリングによると「コウプライト」はその後着実に販売数を伸ばしつつあり、2018年10月現在では、国内約100施設で実際に採用されており、試用レベルでは約500施設までに増加している。また、海外販売では韓国・台湾にて採用され、ヨーロッパではフィンランドで試用レベルに及んでいる。世界に通用する製品として着実に足場を築きつつある。

4　東九州メディカルバレー構想の評価と課題

大分県・宮崎県による自己評価

　2012年7月に東九州メディカルバレー構想は、国から地域活性化総合特別区域計画認定を受けた。毎年大分県・宮崎県の自己評価および国による評価が行われ、その結果はホームページで公表されている。[*6]

◆評価指標・数値目標

　地域活性化特別区域計画では、2つの評価指標とそれに対応した数値目標が設定されている。評価指標①は、「医療機器生産金額」（「薬事工業生産動態調査」

厚生労働省）である。これに対応した数値目標①「医療機器生産額」は、両県計2009年の1378億円から2014年の1584億円（15.0％増加）であった。[*7] もう1つの評価指標②は「新規医療機器製造登録者数」であり、対応する数値目標②は、2011年～2016年度までに両県計10事業所と設定された。

　大分県・宮崎県による自己評価書（2016年度）では、数値目標①「医療機器生産額」について2016年実績値は1005億円であり、目標値を下回ったと記されている。この原因について評価書は、新規参入を目指す地場企業は順調に増えているものの、生産額に占める割合は低く、大手医療機器メーカーの生産低下を補うまでには至っていないことが原因であると述べている。

　一方、数値指標②「新規医療機器製造登録者数」については2016年度の数値値は10事業所に対して実績値18事業所と大幅に上回った。評価書では、医療機器産業参入促進事業によって、地場企業の新規参入が進んだと評価している。また、評価指標ではないが、新規医療製造登録業者は18事業所（大分県・宮崎県とも各9事業所）、新規製造許可事業者が6事業所（大分県4事業所・宮崎県2事業所）、また新たな医療関連機器開発が21件（大分県14件、宮崎県7件）進展中であると記されている。[*8]

◆ **大分県・宮崎県の自己評価と課題**

　両県の自己評価は、数値目標①では大きく未達成ながらも、地場企業による医療機器産業への参入は順調であり、国内外の医療人材育成によるアジアへの医療機器の海外展開への事業も順調に推移していると評価している。

　しかし北嶋守（本書4章担当）は、数値目標①「医療機器生産額」が基準年からもマイナスとなった点について、東九州メディカルバレー構想が当該地域の医療機器生産金額の拡大にプラスに作用しているとは言いがたいと述べている。さらに、クラスター企業（産学官連携など）から生み出される試作品や新製品が短期間のうちに上市し、域内の業績向上に貢献できるわけではない、とも指摘している。[*9]

　大手企業の生産は、グローバル化、広域的な観点によって左右されるため、大手企業の生産動向に左右される評価指標は、地域内企業の育成の努力が反映

されず、クラスター政策としての指標として適切かどうかについては検討の余地がある。

旧計画から新計画への移行

東九州メディカルバレー構想は、2016年度末に国の総合特区制度に基づく地域活性化総合特別区域計画（旧計画）の期限を迎えた。大分県・宮崎県は、さらなる延長にむけて2017～2022年度までの新たな地域活性化総合特別区域計画（新計画）を策定した。総合特区制度では、国と各地方自治体が政策課題を共有するために「地域活性化方針」を策定することになっており、旧計画と新計画のそれぞれの「地域活性化方針」がある。*10 旧計画と新計画のスタンスを比較するため、両県が策定・公表した2010年10月の「東九州メディカルバレー構想」と総合特区制度にもとづく「地域活性化方針」（新旧）を掲示したものが表10・3である。

対象業種は、旧計画方針では「構想」と同じく「血液・血管に関する医療機器」であった。一方、新計画方針では、大分県においてロボットや福祉・介護に関する支援策が追加されたことから「介護・福祉」が追加された。この背景には、前述のとおり大分県は、協議会名は大分県医療ロボット・機器産業協議会となっており、血液・血管関連の医療機器に限定されず、介護・福祉機器を含めた支援を行っているため、それに対応したと思われる。

「構想」にて示された4つの拠点づくりについて新旧方針の違いをみると、①「研究開発の拠点づくり」では、旧方針には「革新的医療機器」というフレーズがあったが、新方針には消えており、大学における研究開発拠点の機能強化・活用と大分大学・宮崎大学などの整備実績が記載されている。

②「医療技術系人材育成の拠点づくり」では、これまでの実績を踏まえて「日本式医療システム」というフレーズが使われている。

③「医療機器産業の拠点づくり」では、「既存の医療機器メーカーを地域一体で支援」「新規参入企業から中核的企業への育成」「域内生産の医療関連機器の輸出促進」というアジア向けの輸出促進にむけた支援体制強化と地域企業の育

表10・3 東九州メディカルバレー構想特区地域活性化方針(新旧)の特徴

		東九州メディカルバレー構想 （2010年度）	旧計画の基本方針 （2012～2016年度）	新計画の基本方針 （2017～2021年度）
対象業種		血液・血管に関する医療機器	同左	血液・血管関連の医療機器 ＋介護・福祉機器
4つの拠点	①研究開発の拠点づくり		・「革新的医療機器」の研究開発拠点づくり ・大学附属病院等に研究開発拠点整備 ・産学官連携による血液／血管に関する共同研究	・大学医学部に設置した研究開発拠点の機能強化・活用 ・産学官連携による研究開発の更なる促進
	②医療技術人材育成の拠点づくり		・血液・血管に関する高度医療機器の普及のための国内外の医療技術人材の育成	・国内外医療従事者の受入／現地研修の拡大 ・日本式医療システムに精通する医療技術人材育成
	③医療機器産業の拠点づくり		・地場企業の育成 ・医療機器メーカーの誘致	・既存の医療機器メーカーを地域一体で支援 ・新規参入企業から中核的企業への育成 ・域内生産の医療関連機器の輸出促進
	④血液・血管医療の拠点づくり		・血液／血管に関する高度医療提供の拠点整備	「医療ネットワークの拠点づくり」 ・研究開発や人材育成の拠点を核とした国内外の医療ネットワーク拠点構築

(出典：東九州メディカルバレー構想特区地域活性化方針より作成。同方針は、国と地方自治体が課題解決を共有するために作成される)

成の重視を打ち出している。

　④「血液・血管医療の拠点づくり」では旧方針では、「血液／血管に関する高度医療提供の拠点整備」と示されていた。しかし、新方針では「医療ネットワークの拠点づくり」へと変更され、「研究開発や人材育成の拠点を核とした国内外の医療ネットワーク拠点構築」に書き換えられた。新方針では、旧方針による支援や成果状況を踏まえ、現実的な目標へと変更されている。

　地域活性化総合特別区域計画における評価指標自体の変更も表10・4のように行われた。旧計画の評価指標①の「医療機器生産金額」は新計画において採用されず、新計画では、医療系人材の育成や地域企業の医療機器参入を反映する指標に大きく変更された。

表10・4　新旧計画における評価指標・数値目標

新・旧計画	評価指標	数値目標	目標値
旧計画 (2012～ 2016年度)	①医療機器生産金額	①大分県・宮崎県合計の医療機器生産金額 (厚生労働省『薬事工業生産動態統計年報』)	1584億円
	②新規医療機器製造登録業者数	②大分県・宮崎県内の新規医療機器製造登録者数	10事業所
新計画 (2017～ 2021年度)	①医療関連機器の市場化件数	①大分県・宮崎両県の産学官が進める医療関連機器の市場化件数	15件
	②新規医療機器製造登録事業所・製造販売許可者数	②大分県・宮崎県両県の新規医療機器製造業登録事業所・販売許可事業所数	10件
	③新規輸出する医療関連機器を製造する企業	③新規輸出する医療関連機器を製造する大分・宮崎両県の企業	6社
	④新規海外医療技術人材育成数	④-1　大分・宮崎両県の産学官による新規海外医療技術人材育成数	200名
		④-2　上記のうち、血液・血管分野の新規海外医療技術人材育成数	165名

(出典：地域活性化総合特別区域計画（東九州メディカルバレー特区）新旧計画より作成)

　これらを踏まえると東九州メディカルクラスター構想は、旧計画の取り組み実績を踏まえて、医療機器開発にかかる産学官連携をさらに強化し、既存の大手医療機器メーカーによる対アジア輸出促進にむけた人材育成と地域企業による介護・福祉分野を含めた医療機器産業参入支援を軸にして、身の丈にあった支援策と目標へのシフトを図ったと言えよう。

5　評価の2つの側面
～産業政策的側面と地域政策的側面～

　日本政策投資銀行南九州支店他は、この東九州メディカルクラスター構想の特徴として、①旭化成のような大手企業がクラスター形成に重要な役割を担ったこと、②大企業の血液・血管関連コア技術をもとにして地元大学においても技術開発・人材育成が進められたこと、③高い参画意欲を持って地元中小企業が医療機器参入向けの研究会に参加していること、④大分大学による医療機器に関する治験ネットワークなど、地域内に医療機器に関する多様な主体が存在

することの4点をあげている。*11

さらに外杻保大介は、東九州メディカルバレー構想の意義について以下の3つ点をあげている。①地域の産業構造が緩やかであるものの着実に進み、異業種と言える医療機器開発に参入する企業が現れ、地域産業の進化という意味において新たな発展経路が形成された、②これまで一体化が難しかった東九州の一体性を意識させる構想と事業であった、③医療系人材育成の拠点づくりを通じた東南アジア地域との国を超えた取り組みであり、産学官の連携を活かして将来的な販路拡大を見据えていた、という3点である。*12

一方、前出の北嶋は、地域企業による研究会・協議会参加企業の増加を認めつつも、広域クラスター効果は生産面からは確認できないと厳しい評価を下している。その理由として、①地域間イノベーション力の不足、②広域クラスターが掲げている目標と製品開発の乖離、③クラスター参画企業によるイノベーションバリア、を指摘している。

これらの評価をふまえ、同構想については、産業政策的側面と地域政策的側面に分けて評価する必要がある。

産業政策的側面では、東九州という地方圏そして高速交通インフラ整備の遅れた地域において、先端技術に関わる医療機器の産業クラスター形成を目指そうという戦略については、4つの点で評価できる。第1に、前出の日本政策投資銀行南九州支店などが指摘するように、この構想が大手企業（旭化成）のイニシアティブによって動き出した点である。地方自治体を主導とした産業政策を推進するうえでマイケル・ポーターの言う「アンカー企業」の参画は、行政の机上の取り組みではなく、産業側から求める政策を的確に反映させて政策の実効性を高めたという点で評価できる。第2に、大分大学や宮崎大学、九州保健福祉大学のような地方の大学が研究開発や人材育成面で国際的に大きな役割を担うようになった点である。第3に、国際的な人材育成を含めた産学官連携が医療機器の輸出増加につながるという構想は、これまでにない独自性を持っていた点である。第4に、地域企業による医療機器への参入によって、ゆるやかとはいえ、地域の産業構造の高度化につながっている点である。これらの4点

については、一定の評価を与えられるべきであろう。

　東九州地域における県境を越えたバイオクラスター構想は、イノベーションや新事業の観点からだけではなく、地域政策的視点からも評価すべきである。長らく産業立地条件が不利だった東九州地域において、東九州自動車道の開通と同時に、医療機器という日本が競争劣位である先端分野の産業クラスター形成に向けて県境を越えた事業を展開したことは、地域間連携における政策的なイノベーションにほかならない。また「陸の孤島」「北は夕暮れ」とも揶揄された宮崎県北部地域に対して、未来への希望や勇気を与えたという点において意義があった。

　すでにみたように、旧計画の評価指標であった「医療機器生産金額」は、基準年と比較してマイナスとなった。医療機器産業への参入支援は、一定の成果をあげたとしても、その成果が地域の医療機器生産額には反映されないという政策指標設定の課題にも向き合う必要があると思われる。

6　東九州メディカルバレーの未来

　前節で明らかにしたように、東九州メディカルクラスターについて、地方自治体、大学、地元企業のエネルギーの統合に成功した点については、一定の評価を与えてもよい。ただし、未来の課題は、北嶋が指摘するように、実効性の高い県境を越えたイノベーション政策の実現方法である。構想の当初からわかっていたことであるが、それぞれの県の制度や予算上の差異があるため、県境を越えた政策連携は容易ではない。

　また、高速道路によって、時間距離は縮まったとはいえ、地域企業間の取引関係や研究開発にかかる連携は、長年にわたって形成されてきた地理的な制約を受けている。

　東九州という地理的単位で産業・経済上の繋がりを向上させるには、共通の利害による共同事業や政策連携が必要となる。その点から言えば、アジア市場の開拓やアジアからの留学生の連携教育体制の構築は有効である。

本書でも取り上げられている福島県（9章）や神戸市（7章）のバイオ系のクラスターでは、地域外部からの企業誘致もさかんに行われている。東九州地域という地域単位としてみれば、関東地方や東海地方の先進県に近い産業集積を有しているのであり、県単位では魅力的な産業集積地とはみなされない可能性がある。東九州地域においては、内発的な新事業展開には、一定の成果がみられたことは事実である。だが、地方の産業クラスターの活性化においては、福島県の政策を参考としながら、これらの地域集積の魅力をもとに、国内外から新しい工場や研究機関を誘致することもやはり政策の柱に据えるべきであろう。

[注釈]

* 1　県商工労働部工業支援課によれば、名称に「バレー」が入るのは大分県と宮崎県の間に大きな谷があるのではなく、アメリカのシリコンバレーのような「産業の集積地」という意味を含めて名付けたと記されている（宮崎県工業支援課「東九州メディカルバレー構想について－医療器産業の集積と地域活性化を目指して－」『医機連ニュース』79号、一般社団法人日本医療機器産業連合会、2012年、pp.70-75)。総合特区の第1次指定では、医療とものづくりを融合させた産業に関する取り組みとして大分県・宮崎県以外にも「国際戦略総合特区」「地域活性化総合特区」併せて7つの特区が指定されている（『日経エレクトロニクス』2012年6月25日、p.20)

* 2　延岡市を中心とした宮崎県北地域は、旭化成の事業構造転換による地域経済の停滞と高速交通網の整備から取り残されたことについて「陸の孤島　県北」「北は夕暮れ」「宮崎の光と影」と揶揄され続けてきたことを地元紙『夕刊デイリー』(2014年3月4日）では報じている http://www. yukan-daily. co. jp/news. php?id=44602（2018年9月24日閲覧）

* 3　外枦保（2017年、* 12）も指摘するように大分県・宮崎県は地理的に隣接しつつも大分県－福岡県、宮崎県－鹿児島県と社会経済的に結びつきが強く、また高速交通整備の遅れから両県とのつながりはこれまで希薄であった

* 4　厚生労働省「薬事工業生産動態統計」(2016年）によると大分県の医療機器生産額は、965億9100万円（全国8位）、同様に宮崎県の同生産額は、154億100万円である。旭化成メディカルMTのケースでは、同社内の延岡市内の拠点で部品生産し、大分市内において製品組立を行っている。この場合大分県側でのみ生産額として計上される。
　　また、㈱日本政策投資銀行南九州支店・大分事務所、㈱価値総合研究所（2012年、* 11,p.29)には、東九州メディカルバレー構想のきっかけは、旧旭化成クラレメディカル吉田安幸社長（旭化成㈱取締役専務執行役員）が医療機器をテーマとして地域活性化を検討したいと行政サイドに提案したことと指摘されている。これにより、大手企業の要請・要望に行政が答える形で両者一体となって構想の策定をスタートしたことは、地元自治体が大手企業の巻き込みや意向の確認に苦労することなく、企業が活動を推進しやすい環境体制の整備などに専念することができる、と指摘されている。さらに、両県に関係のある大手企業が構想をリードすることによって、既存の行政区域を超えた自治体間連携が実現できる、と述べている

* 5　旭化成グループは、2017年度末の完成を目指して繊維や電子部品、ヘルスケアなどの主力事業の開発・製造業拠点である延岡市に研究所を建て替えて機能強化を図ると『日経産業新聞』

(2016 年 9 月 23 日) は報道している。また、『日本経済新聞』(2017 年 12 月 21 日朝刊) の記事では、延岡市内の既存事業所の隣接地にウイルス除去フィルター増産のための新工場を建設し同生産を 5 割増強すると報道している

* 6 　内閣府地方創生推進事務局ウェブサイト
　　　http://www. kantei. go. jp/jp/singi/tiiki/sogotoc/toc_ichiran/toc_page/t26_higashikyuusyuu. html (2018 年 9 月 29 日閲覧)

* 7 　この目標値設定は、2005 ～ 2009 年の医療機器生産金額の伸び率は全国で 0.24 %に対して大分県・宮崎県は 15.8 %であったと旧計画に記されている

* 8 　両県の自己評価書では、総合特区制度活用による規制緩和の効果として医薬品医療機器等法における非治験臨床性能評価制度適用範囲の拡大の措置を通じて、企業の穿刺針の無痛性試験を実施し、企業の開発費用負担軽減や製品開発速度向上の効果があった、と述べられている。一方、国の財政支援の効果については、医療機器産業参入促進事業(医工連携事業化推進事業) により新たな医療機器の研究開発 2 件が 2013 年度から本格化したと記されている。国の税制支援は該当なく、金融支援 (利子補給金) の実績は 0 件 であった。また国の支援措置にかかる財政支援措置 (「医工連事業化推進事業」) は 2012 ～ 2016 年度の総事業費は 4 億 4256 万 3000 円 (国 4 億 756 万 3000 円、自治体 3500 万円) であった

* 9 　北嶋守「広域クラスター形成における多様な近接性－東九州メディカルバレー構想の事例に基づいて－」『福岡大學商學論叢』62 (3)、福岡大学研究所、2018 年、pp.257-296

* 10 　総合特区制度については官邸ウェブサイト参照
　　　http://www. kantei. go. jp/jp/singi/tiiki/sogotoc/pdf/sogotoc_gaiyo. pdf (2018 年 9 月 29 日閲覧)

* 11 　㈱日本政策投資銀行南九州支店・大分事務所、㈱価値総合研究所「東九州メディカルバレー構想の推進に向けて」2012 年
　　　https://www.dbj.jp/pdf/investigate/area/s_kyusyu/pdf_all/s_kyusyu1208_03.pdf

* 12 　外枦保大介「「東九州メディカルバレー構想」と地域産業の進化」『地理』62 (6)、古今書院 2017 年、pp.29-35

11章 イノベーション・エコシステムとしての都市

辻田昌弘

I オープンイノベーションへのシフト

苦戦する日本のオープンイノベーション

　日本、日本政府、日本企業にとって「オープンイノベーション」は喫緊の課題である。政府は科学技術イノベーションを成長戦略の主要な柱の1つに位置づけている。なかでもIoT、ビッグデータ、AI、ロボットなどの新技術に象徴される「第4次産業革命」の実現に向けて、オープンイノベーションへの期待が高まっている。

　2015年に政府が策定した「科学技術イノベーション総合戦略2015」では、以下のように述べられている。「知のフロンティアの拡大に伴い、知識や技術のすべてを個人やひとつの組織だけで有することが困難となっている。このため、新たな価値の創出には、多様な専門性を持つ人材が結集しチームとして活動することが鍵となっている。加えて、イノベーションのスピードを巡る競争の激化等もあり、民間企業においては、自社の保有する資源・技術のみを用いて製品開発等を行う、いわゆる「自前主義」から、戦略的に組織外の知識や技術を積極的に取り込むオープンイノベーションが、イノベーションの戦略的な

展開に欠かせないものとなりつつある」。

また、日本経済団体連合会が2018年に公表した提言「Society 5.0の実現に向けたイノベーション・エコシステムの構築」でも、「多様な人材が様々な視点から複数の分野の知識を結合することで、従来の延長線上にある連続的なイノベーションのみならず、前例のない非連続的なイノベーションを創出することが可能になる。とりわけ個別分野の個別最適ではなく、社会全体の最適化を目指すSociety 5.0を実現するためには、人種、国籍、年齢、性別、専門、職歴など様々な人々が関わることが必須となる。そのような条件を確保するために、大企業、ベンチャー企業、大学、国立研究開発法人等、社会のあらゆる主体による組織、分野を越えたオープンイノベーションのエコシステムを構築する必要がある」としている。

オープンイノベーションの定義

オープンイノベーションは、ヘンリー・チェスブロウが提唱したコンセプトである。「企業内部と外部のアイデアを有機的に結合させ、価値を創造すること」[*1]を指す。チェスブロウは「知識は企業の研究所だけのものではなく、顧客、サプライヤー、大学、政府、産業コンソーシアム、ベンチャー企業によって保有されるようになった」とし、こうした状況の変化に対応して企業は従来のような自社の研究開発資源に依存したイノベーション（クローズドイノベーション）からオープンイノベーションへ移行する必要があると説く。

日本企業の強みが弱みへ

20世紀において「世界に冠たる技術立国、ものづくり大国」と称賛された日本の製造業企業は、自社内の保有技術に改良・改善を重ね、磨きをかけることで継続的に新製品を送り出していく「持続的イノベーション」を得意としてきた。そのために人材やアイデア、ノウハウといった研究開発資源を自社内に蓄積する「自前主義（クローズドイノベーション）」を基本としてきた。しかし近年は、グローバルな競争の激化、製品ライフサイクルの短期化、市場の成熟化

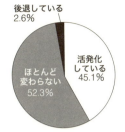

図11・1 オープンイノベーションの活発化の状況(10年前との比較、全体(n) = 195)(出典：経済産業省「産業技術調査（企業の研究開発投資性向に関する調査)」2015年)

表11・1 研究開発における外部との連携割合
(件数ベース、全体(n) = 178)

自社単独での開発	62.2%
グループ内企業との連携	8.3%
国内の同じバリューチェーン内の他社との連携（垂直連携）	5.3%
国内の同業他社との連携（水平連携）	3.4%
国内の他社との連携（異業種連携）	4.2%
国内の大学・公的研究機関との連携	10.9%
国内のベンチャー企業との連携	0.8%
海外の大学・公的研究機関・企業との連携	3.0%

(出典：経済産業省「産業技術調査（企業の研究開発投資性向に関する調査)」(2015年))

と新市場開拓への要求の高まりなどによって、自社の保有する研究開発資源にのみ依存するクローズドイノベーションの限界が指摘されている。クリステンセンの言う「破壊的イノベーション」[*2]は、自前主義・持続的イノベーションを得意とする日本企業のなかからは起こりにくい。このことが日本企業の競争力低下の要因の1つと考えられている。

このような問題意識が広く共有され、冒頭に引用した政府や経団連の主張へとつながっている。だが、自前主義・持続的イノベーションの成功体験という慣性は根強く、日本企業はオープンイノベーションへの舵取りに苦戦している。2015年の経済産業省「産業技術調査（企業の研究開発投資性向に関する調査)」によると、半数以上の企業が「10年前と比較してオープンイノベーションが活発化していない」と回答している（図11・1）。研究開発における外部との連携についても、件数ベースで70％強が自社あるいは自社グループ内での開発となっており、同業他社、異業種企業、ベンチャー企業、大学など研究機関などいわゆる「社外」との連携は低調なままである（表11・1）。

強い同質性

日本においてオープンイノベーションが進まない要因の1つは、日本の企業社会の同質性・閉鎖性である。日本の大企業は、いまだに男性中心の組織であ

る。外資系企業と比較すると、外国人の雇用比率も低い。新卒一括採用・終身雇用制が残っているため、転職者も少ない。つまり、日本の企業は、今でも似たような環境で育ち、同等レベルの大学を卒業した、主として日本人の男性が、入社以来同じ会社で働いているという同質的な集団なのである。同質的な集団は、社内に関心を持つため、閉鎖的、内向きになりがちだ。そのことが会社の垣根を越えた「社外」の人材との交流やスタートアップ企業との連携を阻害する大きな障壁となっている。

2　オープンイノベーションの孵卵器としての都市

イノベーションと都市

　イノベーションは主として大都市において創出されると考えられてきた。ジェイン・ジェイコブズは、今から半世紀以上も前に「大都市は多様性の発生源であり、さまざまな新企業やすべての種類のアイデアを生み出す大量生産の可能な孵卵器である」[*3]と指摘した。近年注目されているリチャード・フロリダの「クリエイティブ経済」に関する議論も、都市とイノベーションの関係に着目している。フロリダは、人が持つクリエイティビティがイノベーションの源泉であるとし、そうしたクリエイティビティの高い人材層（クリエイティブ・クラス…科学者、技術者、芸術家、音楽家、デザイナー、知識産業の職業人など）を惹きつける特性を持った都市では、イノベーションが生まれ経済成長が促され、クリエイティブ・クラスのさらなる集積が起こると主張した。[*4]ちなみに、クリエイティブな人々を惹きつけるために都市が備えるべき条件として、フロリダは「3つのT」すなわち技術（technology）・才能（talent）・寛容性（tolerance）のすべてが揃っていることを挙げている。そのなかでも、寛容性の指標として移民やゲイ（同性愛者）、ボヘミアン（芸術家）が人口に占める比率を取り上げたことでも話題を呼んだ。[*4]

　エンリコ・モレッティも、イノベーション関連企業はある特定の都市に集積

することで、厚みのある労働市場、ビジネスエコシステム、知識の伝播という「集積効果」を享受できるため、企業の集積と人材の集積が相互補完的に持続され、企業は都市において一層創造性と生産性を高めることができると主張している。*5

「新結合」の発生確率

　シュンペーターが言うように、イノベーションは多様な知識が「新結合」を起こすことから生まれる。だが、そうした「新結合」を促すには、多様な知識を有する人や企業が実際に出会わなければならない。なぜなら、情報化が進んだとはいえ、ノウハウや経験といった「暗黙知」の共有や伝達には、依然として空間的近接性、つまりフェイス・トゥ・フェイスのコミュニケーションが重要だからである。それゆえ、多数の、そして多様な人材や企業が集積する都市では、イノベーションの発生確率がそれだけ高まることになる。

　さらに、いったん集積が進むと、その効果を期待してさらに人や企業の集積が促されるという好循環が生まれ、これが知識社会における都市の競争力の源泉となる。シリコンバレーはその典型である。シリコンバレーでは、IT関連産業を中心に大企業、ベンチャー企業、大学や研究機関、ベンチャーキャピタリスト、各種支援産業（弁護士や会計士など）などが集積し、相互に連携する巨大な「エコシステム」が形成されている。

　そのシリコンバレーに次ぐスタートアップシティへと急成長を遂げたのが、ニューヨーク市である。2008年のリーマンショックを契機に、ブルームバーグ市長（当時）は、金融業への依存度が高かった同市の産業構造を多角化すべく、バイオ、ファッション、観光、メディア・テクノロジーなどニューヨーク市が強みを持つ8分野を主要ターゲットとするスタートアップ振興プラン"DiverseCity"を策定・実施し、着実に成果を積み上げてきた。ニューヨーク市でのスタートアップには、フィンテック、メディアテック、ファッションテックといった具合に、既存産業にICTを組み合わせて新しいビジネスを創造する「ハイフンテック（-tech）」と呼ばれるものが多い。*6

こうしたイノベーションの「場」としての都市の役割・機能には日本政府も着目しており、2014年に閣議決定された東京圏国家戦略特区では、その目的を「2020年開催の東京オリンピック・パラリンピックも視野に、世界で一番ビジネスのしやすい環境を整備することにより、世界から資金・人材・企業等を集める国際的ビジネス拠点を形成するとともに、創薬分野等における起業・イノベーションを通じ、国際競争力のある新事業を創出する」と明記している。

多様性がもたらす「集積の外部効果」

ジェイコブズ、フロリダ、モレッティが共通して強調しているのは、都市の「人口」ではなく「多様性」である。ジェイコブズは「都市は明らかに多様性を生み出す経済発生装置とか、新しい企業を生み出す経済的孵卵器と呼ばれるかも知れないけれども、このことは都市がただ存在していればそれだけで自動的に多様性を生み出すという意味ではない」と述べている。[*3] 都市の存在や都市の人口の多さがただちにイノベーションにつながるわけではない。

フロリダは「才能にあふれたクリエイティブな人々が集まると、アイデアは無限に湧き出し、個人および集団の才能が飛躍的に増大する。最終的には1足す1が3にも4にもなる。このような集積によって各自がより創造的になり、その場所さえもクリエイティビティに満ちあふれる。それに伴い、全体のクリエイティビティと経済的な繁栄も増大するのである」[*7]と言い、モレッティは「イノベーションのプロセスのかなりの部分は、コミュニティ内の異なる要素が思いがけない形で結びつき、異なるアイデアの「受粉」が起きることで実現する」と論じた。クリエイティブな人々がただ集積するだけでなく、彼らが相互に交流することを通じてはじめて「新結合」が起こり、イノベーションが生み出されるのである。

3つのT

スタートアップ・ゲノムが2017年に発表した「スタートアップ・エコシステム・ランキング」では、シリコンバレー、ニューヨーク、ボストン、ロサン

表 11・2　スタートアップ・エコシステムの世界ランキング

第 1 位	シリコンバレー
第 2 位	ニューヨーク
第 3 位	ロンドン
第 4 位	北京
第 5 位	ボストン
第 6 位	テルアビブ
第 7 位	ベルリン
第 8 位	上海
第 9 位	ロサンゼルス
第 10 位	シアトル

(出典：Startup Genome"Global Startup Ecosystem Report 2017"（2017 年）https://startupgenome.com/report2017/)

ゼルス、シアトルと、アメリカの都市が上位10都市中5都市を占めている（表11・2）。周知のとおり、アメリカは元々の成り立ちからして「移民の国」と称される多民族国家であり、今もなお世界で最も多くの移民を受け入れており、英語を使用することもあって、アメリカには世界中から高度人材が流入し続けている。また、アメリカは日本に比べて労働市場の流動性が高く、女性の社会進出も進んでおり、LGBT に対する受容度も高い。

　それに対して、日本は単一民族・単一言語の国家である。すでに述べたように、日本の企業社会はいまだ同質性・閉鎖性が高い。フロリダらが公表している "The Global Creativity Index" の 2015 年版によれば、クリエイティビティという点では、日本は世界で第 24 位という地位に甘んじている。フロリダが重視している「3 つの T」に関わるインデックスのうち、「技術（technology）」は韓国に次いで世界第 2 位であるにもかかわらず、多様性と関連の強いインデックスである「才能（talent）」と「寛容性（tolerance）」が、それぞれ第 58 位、第 39 位と低いためである。

　モレッティもまた「アメリカが世界の国々から最高レベルのソフトウェアエンジニアを引き寄せてきたのと異なり、日本では法的・文化的・言語的障壁により、外国からの人的資本の流入が妨げられてきた。その結果、日本はいくつかの成長著しいハイテク産業で世界のトップから滑り落ちてしまった」と指摘

している。日本の多様性の低さは、クリエイティビティの低さへとつながり、それが世界の企業とのイノベーション競争の敗因ともなっている。

人口減少時代に突入した日本にとって、経済成長にはイノベーションが不可欠である。その実現のためのイノベーション・エコシステムとしての都市の国際競争力の強化は重要な政策課題だ。しかし、ただ都市への人口集中を促してもイノベーションは生まれない。すでに述べたように、イノベーションには人口という「量」ではなく、人材の多様性および相互の交流という「質」の問題が重要だからである。そのためには、同質的で閉鎖的な日本の企業社会をオープンで多様性の高いものへと変革させていく必要がある。少しずつ進展し始めているとはいえ、その実現には時間がかかる。

負のロックイン効果

なぜなら、東京という巨大都市には「集積がもたらす負のロックイン効果」が生じている可能性が高いからである。都市に企業や人材が集積を始めると集積の外部効果が働き、集積の存在自体にロックイン効果が生じ、さらに新たな人や企業が引き寄せられていく。これが「東京一極集中」である。しかし、集積のロックイン効果には、集積それ自体の長期的な変化や革新を阻害する負の側面もある。*8

東京に同質的な企業や人材が集積すればするほど、その同質性と相容れないような企業や人材にとって東京は居心地の悪いものとなり、結果として東京から多様性・異質性がさらに消失していくというのが「負のロックイン効果」である。ちなみに、東京都は有効求人倍率で全国一にもかかわらず、2015年の1人当たり県民所得の対前年伸び率は1.9%と、全国平均の3.3%を下回っている（内閣府「平成27年県民経済計算について」）。

3　オープンイノベーション・エコシステムの形成

周縁部で先行するスタートアップ企業の集積

　このように多様性に乏しく「負のロックイン効果」に囚われている可能性が高い東京都内よりもむしろ、福岡市（8章参照）や大阪市といった地方都市、あるいは東京都内であっても五反田や本郷といった都心部からやや外れたエリアにおいて、一足早くイノベーション・エコシステムの形成が起こりつつある。以下、順に見ていこう。

◆福岡県福岡市

　2010年に福岡市長に就任した高島宗一郎氏は、2012年に「スタートアップ都市ふくおか宣言」を行った。同市が掲げる都市像は「国内外からチャレンジしたい人と企業が集い、地元の人や企業も含めた活発な交流により、革新的な発想が次々と生まれ、新しい価値を生み続ける都市」[*9]というものだ。

　翌2013年には、産学官民が一体となって福岡都市圏の国際競争力の強化を進める「福岡地域戦略推進協議会」を設置した。2014年には「福岡市グローバル創業・雇用創出特区」として国の国家戦略特区の指定を受けるとともに、市内に創業支援拠点「スタートアップカフェ」を開設して、起業相談、各種イベントの実施、人材マッチングといった支援メニューを提供し、起業前後の人たちへの支援を開始した。同カフェは2017年に旧大名小学校をリノベーションしてできた官民共働型スタートアップ支援施設「Fukuoka Growth Next」に移転したが、かつての教室を利用したオフィス、シェアオフィス、コワーキングスペースには約150社（個人含む）が入居する[*10]という盛況ぶりである。

　また、福岡市では、国家戦略特区の制度を活用して、起業を志す外国人の在留資格要件の緩和や、創業企業に対する法人税の軽減措置といった各種の規制緩和や優遇措置を積極的に講じている。こうした取り組みの成果もあり、福岡市は開業率で3年連続第1位となっており（図11・2）、また起業者に占める若

者（25〜34歳）の比率でも第1位となっている（福岡市ホームページより）。

　少子高齢化・人口減少が進む日本にあって、福岡市は若年人口が多く総人口も増加基調にある。また、東京や大阪に比べて低廉なオフィス賃料、成長するアジア市場との歴史的・地理的近接性や交通アクセスの良さなど、起業に適した立地条件を備えた都市である。加えて、豊かな自然と文化、豊富な食材、東京や大阪に比べて低廉な住居コスト、短い通勤・通学時間など、住環境の良さも魅力だ。高島市長は着任早々視察でシアトルを訪れた際に「福岡市の人口の半分程度で首都でもないシアトルがなぜアマゾン、スターバックス、マイクロソフトを生み出したのか。街の住みやすさは重要な要素で、福岡もコンパクトでリバブル（暮らしやすい）という特徴がある」と考えたという。[11]

◆大阪市北区（梅田エリア）

　福岡市と同様に近年スタートアップ都市として注目されているのが大阪市の梅田エリアである。大阪市は、2013年に開業したJR梅田駅北ヤードの大規模再開発「グランフロント大阪」内に地域の産官学連携による知的創造・交流拠点「ナレッジキャピタル」を開設し、スタートアップ支援の取り組みを開始した。2016年にはスタートアップ育成プログラム「OSAP」を創設、2017年には起業支援拠点整備の助成制度を創設するなど、スタートアップ企業の支援・育成に積極的に取り組んできた。これまでにグランフロントに約30社の新興企業が入居し、さらにグランフロント内のインキュベーションオフィスにも30社、阪急電鉄が2014年に梅田に開設したインキュベーション施設「GVH #5」を含めると約90社が梅田界隈に集積しており、[12]近年では「梅田バレー」と呼ばれるに至っている。2018年には大阪工業大学と大阪商工会議所によるオープンイノベーション拠点「Xport（クロスポート）」もオープンした。

　大企業や大学などの研究機関の集積があり、新幹線駅や空港へのアクセスも良く、アジア市場との歴史的・地理的近接性があり、オフィスコストも東京に比べて低廉、加えて住宅コストも低く職住近接が可能と、ビジネス環境・居住環境両面の良さが、福岡市と同様に起業家に評価されている。ちなみに、都道府県別の開業率を見ると、福岡県と大阪府は全国平均ならびに東京都を上回っ

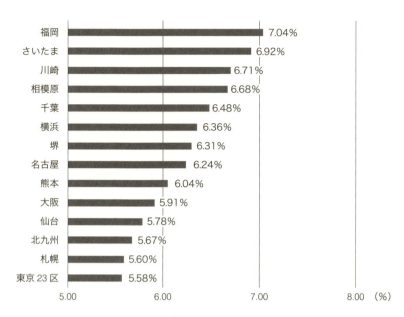

図11・2 主要都市の開業率（2015年度）（出典：福岡アジア都市研究所「Fukuoka Growth July2016」）

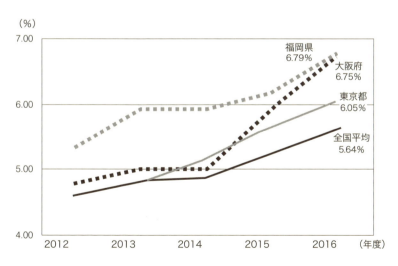

図11・3 開業率の推移。開業率＝当該年度に雇用関係が新規に成立した事業所数／前年度末の適用事業所数×100（出典：厚生労働省「雇用保険事業年報」より作成）

11章 イノベーション・エコシステムとしての都市　211

ている（図11・3）。

◆ **東京都品川区（五反田エリア）**

　一方東京においても、都心部に比べてオフィスコストが低廉なエリアにおいて、「五反田バレー」や「本郷バレー」と呼ばれる、ベンチャー企業が集積する動きが起きている。

　品川区五反田エリアではここ数年、ベンチャー企業の集積が進み、その数は50社近くにのぼる。2018年7月にはクラウド会計ソフト大手のfreeeなど五反田にオフィスを構える6社が集まり、ベンチャー企業の相互支援団体「（一社）五反田バレー」を設立、勉強会などを通じて企業間の相互交流を図るほか、地元の品川区とも協力協定を締結した。[*13]

　ベンチャー企業にとっての五反田エリアの魅力は、周辺の渋谷、恵比寿、六本木などに比べてオフィス賃料が安いわりに交通の利便性が高いということだ。羽田空港や新幹線駅へのアクセスも良い。また住宅コストも割安なので職住近接が可能、加えて周辺の飲食店も安くておいしいところが多いというのもポイントだ。[*14]

◆ **東京都文京区（本郷エリア）**

　文京区本郷エリアでは、東京大学発のベンチャー企業の集積が進んでいる。東京大学は2004年の国立法人化を機に学内に産学協創推進本部を設置し、教育研究成果の事業化・実用化をめざした起業に対するさまざまな支援を行ってきた。

　また同年に設立されたベンチャーキャピタル「㈱東京大学エッジキャピタル（UTEC）」が、産学協創推進本部との連携の下、資金面で東大発ベンチャーを支援している。同社は累積で約543億円となる4本のファンドを運営し、約90社に投資を行い、うち9社が株式上場、10社がM&A（合併・吸収）を果たしている（同社ホームページより）。2016年には東京大学が全額出資する投資事業会社「東京大学協創プラットフォーム開発㈱（東大IPC）」も設立され、支援体制の一層の充実が図られている。

　東京大学からは2004年以降300社以上のベンチャー企業が生まれており、う

ち時価総額 1000 億円超に成長した会社はペプチドリーム、パークシャテクノロジー、ユーグレナの 3 社にのぼる。*15

大手企業のオープンイノベーションへの取り組み

　こうした動きに対して、既存の大手企業もただ手を拱いているわけではない。同質性・閉鎖性という旧来の体質を一朝一夕には変えられないとしても、そのなかでオープンイノベーションをいかに実現していくかについて、さまざまな試行錯誤が始まっている。具体的には大手企業とベンチャー企業との協業である。構造的にイノベーションが不得手な大手企業が、イノベーションのアイデアを持ちながらも資金力や営業力に乏しいベンチャー企業と協業することで、互いの強みと弱みを相互補完しながら win-win の関係を構築しようという取り組みが近年増加している。

　大手企業とベンチャー企業の協業は、IT 業界では以前から多くみられたが、最近では電機・自動車・金融・不動産・電鉄などさまざまな業界に広がりつつある。彼ら大手企業がベンチャー企業との協業のための「ツール」として利用しているのが、①コーポレート・アクセラレーター・プログラム② CVC ③オープンイノベーション拠点、の 3 つである。以下に具体的に見ていこう。

◆コーポレート・アクセラレーター・プログラム
　アクセラレーター・プログラムとは、主にスタートアップ企業を対象に、彼らの事業を成長させるための支援を行うことを目的として開催される一連のプログラムである。プログラムの運営者はまずスタートアップ企業を募集し、彼らに対して 3 〜 6 か月間程度の集中的な支援・育成プログラム（人脈紹介、メンターによる助言、ワークショップやイベントの実施、法務などのサービス提供など）を実施する。そのうえで、ブラッシュアップされた各社の事業内容を投資家、企業、メディアなどにプレゼンテーションする「ピッチ」「デモ・デイ」と呼ばれるイベントを開催してプログラムを終了する。

　アクセラレーター・プログラムの運営主体となるのは、大学、自治体、金融機関、ベンチャーキャピタル（投資家）などさまざまであるが、近年日本で増

えているのが事業会社を運営主体とするコーポレート・アクセラレーター・プログラムだ。日本では2011年に開始して現在第12期と回を重ねてきた「KDDI ∞ Labo」が始まりとされるが、最近はIT・通信系、金融系、鉄道系、製造業系、サービス業系など、さまざまな業種へと広がりを見せている（表11・3）。

◆ コーポレート・ベンチャー・キャピタル（CVC）

コーポレート・ベンチャー・キャピタル（CVC）とは、事業会社が社外のベンチャー企業に対して行う投資活動である。ベンチャー・キャピタル（VC）が主として財務的なリターンを求めてベンチャー企業に投資するのに対し、事業会社のCVCは、財務的リターンよりもむしろ事業会社の本業とのシナジーや新規事業育成、研究開発を期待して投資するという違いがある。

日本においてCVCは大手電機メーカーやIT企業を中心に従来から行われてきたが、2010年代に入って通信・メディア系企業から製造業やサービス業などさまざまな業種の企業によるCVCファンドの設立が活発化している（表11・4）。2017年の日本企業によるCVCへの投資金額は過去最高の681億円となり、5年間で27倍に増えた。[*16] 2017年の日本経済新聞社「社長100人アンケート」でも、23.2％が「CVCを設立している」と回答、「検討している」を合わせると3割強になっており、大手企業経営者のCVCへの関心の高さを窺わせる。

◆ オープンイノベーション拠点

ベンチャー企業や同業他社・異業種企業、あるいは大学などの研究者との交流・共同研究のリアルな「場」として、「ラボ」や「センター」といった名を冠したいわゆる「オープンイノベーション拠点」を設置する企業が増えている（表11・5）。企業によって形態は異なるが、ベンチャー企業向けのシェアオフィス、協業のためのコワーキングスペース、会議やセミナーなどのためのカンファレンススペースといった機能を包含しているものが多い。

福岡、梅田、五反田、本郷といったエリアにスタートアップ企業が集積する理由の1つにオフィスコストや居住コストが安いことが挙げられていたように、創業前後のスタートアップ企業にとってコストが高い東京の中心部に活動拠点を構えるのは厳しいものがある。こうしたオープンイノベーション拠点をスタ

表 11・3　主なコーポレート・アクセラレーター・プログラムの例

名称	主な主催企業	開始時期
KDDI ∞ Labo	KDDI	2012 年
富士通アクセラレータプログラム	富士通	2015 年
森永アクセラレータープログラム	森永製菓	2015 年
東急アクセラレートプログラム	東京急行電鉄	2015 年
ZENTECH DOJO NIHONBASHI	三井不動産	2016 年
MUFG デジタルアクセラレータ	三菱 UFJ フィナンシャルグループ	2016 年
ヤマトグループアクセラレーター	ヤマトホールディングス	2017 年
POST LOGITECH INNOVATION PROGRAM	日本郵便	2017 年
三菱地所アクセラレータープログラム	三菱地所	2017 年
CHANGE and CHALLENGE IoT Scalerator PROGRAM	東京電力	2017 年

(出典：各社ウェブサイト、ニュースリリース等より作成)

表 11・4　主な CVC の例

投資会社名／ファンド名	主な出資企業	設立時期	ファンド総額
KDDI Open Innovation Fund	KDDI	2012 年	50 億円
ドコモ・イノベーションファンド	NTT ドコモ	2013 年	100 億円
TBS イノベーション・パートナーズ 1 号	東京放送ホールディングス	2013 年	18 億円
オムロンベンチャーズ	オムロン	2014 年	30 億円
電通ベンチャーズ 1 号グローバルファンド	電通	2015 年	100 億円
CQ ベンチャーズ	コカ・コーラボトラーズジャパン HD	2016 年	13 億円
31VENTURES Global Innovation Fund 1 号	三井不動産	2016 年	50 億円
資生堂ベンチャーパートナーズ	資生堂	2016 年	未公表
JR 西日本イノベーションズ	西日本旅客鉄道	2016 年	30 億円
Toyota AI Ventures, LLC	Toyota Research Institute, Inc	2017 年	1 億米ドル

(出典：各社ウェブサイト、ニュースリリース等より作成)

表 11・5　主なオープンイノベーション拠点の例

施設名称	主な事業主体	開設時期	所在地
KDDI ∞ Labo	KDDI	2011 年	渋谷
TECH LAB PAAK	リクルート・ホールディングス	2014 年	渋谷
日本橋ライフサイエンス拠点	三井不動産	2016 年	日本橋
FINOLAB	三菱地所	2016 年	大手町
BeSTA Fintech Lab	NTT データ	2017 年	大手町
DEJIMA	伊藤忠テクノソリューションズ	2017 年	五反田
hoops link tokyo	三井住友フィナンシャルグループ	2017 年	渋谷
MUFG The Garage	三菱 UFJ フィナンシャル・グループ	2017 年	日本橋
100 BANCH	パナソニック	2017 年	渋谷
JAL Innovation Lab	日本航空	2018 年	品川

(出典：各社ウェブサイト、ニュースリリース等より作成)

ートアップ企業に利用させることは、コストのハードルを下げる効果がある。

　また、第1節で指摘したように、同質性・閉鎖性が高い日本の企業社会では、大企業の社員がベンチャーや異業種といった「社外」の人たちとオープンに交流する機会は乏しかった。こうしたオープンイノベーション拠点の整備は、多様な人材が交流することを可能にする「場」を大企業が自ら主導して設営することによって、いわば人為的に交流とそれに伴う「新結合」を促す試みと捉えることができる。

◆社員の意識改革も

　以上を大別すると、コーポレート・アクセラレーター・プログラムはベンチャー企業の探索と選別、CVCはベンチャー企業との関係・連携強化、オープンイノベーション拠点はベンチャー企業などとの具体的な交流や協業、という目的・機能を有すると整理されるが、日本企業はこれらの「ツール」を自社の状況や目的に応じて使い分けながら、オープンイノベーションに取り組み始めている。また、こうした一連のプロセスに自社の社員を直接関わらせることを通じて、自社の社員の意識改革を促すという教育研修的な効果も期待されている。

4　プラットフォーマーとしての不動産デベロッパー

不動産デベロッパーが先導するエコシステム形成

　一方で、三井不動産や三菱地所、東急グループなど大手不動産デベロッパー各社がオープンイノベーションの「場」づくりに乗り出し、日本型の新しいオープンイノベーションのスタイルを生み出しつつある。不動産デベロッパー各社にはそれぞれオフィスビルなどの不動産投資を集中させている特定のエリアがある。そうしたエリアに大企業やベンチャー企業など多様なプレーヤーを積極的に誘引してイノベーション・エコシステムの形成を促すことで、当該エリアの不動産価値を向上させることを各社は企図している。

◆日本橋

　例えば、三井不動産では、医薬関連企業が集積する日本橋エリアを拠点に、産官学連携によるライフサイエンス領域のオープンイノベーションを促進させるべく、2016年に産学官連携組織「LINK-J（一般社団法人ライフサイエンス・イノベーション・ネットワーク・ジャパン）」を設立するとともに、同エリアにオフィス、シェアオフィス、カンファレンス、交流拠点などの整備を集中的に進めている。同社の日本橋エリアの拠点には現在57のライフサイエンス関連の企業・団体が入居し、個人・法人含め227となるLINK-J会員が人的交流・技術交流を行っており、関連するイベント・プログラムの開催は年間200件以上にのぼる（同社ニュースリリースより）。

◆丸の内・大手町

　また三菱地所は、日本の金融ビジネスの中心である丸の内・大手町エリアにフィンテック（情報技術を活用した金融サービス）産業の集積を図るべく、2016年に丸の内にベンチャー企業向けコワーキングスペース「FINOLAB」を開設した。FINOLABが入居する同社のビルにはソフトウェア会社SAP社と共同で開設するコラボレーションスペース「TechLab」やコンサルティングファームKPMG社のイノベーション拠点「KPMG Ignition Tokyo」なども入居する（同社ニュースリリースより）。また2016年にはNTTデータも同社の主要顧客である地方銀行向けのオープンイノベーション拠点「BeSTA FinTech Lab」を大手町にオープンさせている。

◆渋谷

　一方、東急グループの本拠地・渋谷はかつて「ビットバレー」と呼ばれ、ネット関連のベンチャー企業が集積する街として一世を風靡したが、往時の勢いは失われていた。しかし、現在東急グループが進めている渋谷駅周辺の大規模再開発に伴って、再びIT企業の渋谷への集積が始まっている。2012年にオープンした渋谷ヒカリエにDeNAが本社を移転し、KDDIがベンチャー企業との交流拠点を開設した。サイバーエージェントやミクシィ、GMOインターネット、グーグルの日本法人も東急グループなどが新たに供給する大型ビルへのオ

フィスの移転・集約を決めている。またアメリカの有力ベンチャーキャピタル、プラグ・アンド・プレイ社も日本進出の拠点として渋谷にインキュベーション施設を開設するほか、三井住友フィナンシャルグループやリクルートホールディングス、パナソニックも交流拠点を開設するなど、IT関連産業を中心としたエコシステムが再び渋谷に形成されつつある。

◆エコシステムのプラットフォーマー

第3節でみた事業会社のオープンイノベーションが自社を中心としたいわば「一対多」の取り組みであるのに対し、本節で見たような不動産デベロッパー各社の取り組みはライフサイエンスやフィンテック、ITなど各種の産業領域に関連する事業会社、ベンチャー企業、研究機関などを特定のエリアに集積させることでいわば「多対多」の取り組みを支援するものである。イノベーション・エコシステムを下支えするプラットフォーマーとしての役割を不動産デベロッパー各社が果たしているとみることができる。

鍵は「多様性」にあり

同質的・閉鎖的な集積からは破壊的なイノベーションは生まれにくい。集積は多様性を伴ってはじめてその（正の）外部効果を享受できるからだ。それは人の集積である企業についても言えるし、企業間の関係もまた然りである。そして、イノベーションに関する企業間関係すなわちイノベーション・エコシステムの「孵卵器」たる都市においてもまた多様性が不可欠となる。

日本企業が保有する研究開発リソースは依然として豊富である。同様に東京をはじめとする日本の大都市もまた、大学や研究機関などの研究開発インフラや通信・交通・オフィスといったビジネスインフラの集積に関して、けっして世界の諸都市にひけをとるものではない。時代の変化に対応して、これらのリソースやインフラの適切な組み替えが行われていないことが問題なのである。今の日本に求められているのは、「量」から「質」への転化である。

本章で取り上げた各種の取り組みによって、日本産業の活力が向上するのか、そして東京をはじめとする日本の都市が個性的なスタートアップ都市として、

グローバル都市間競争に参入できるのか、まさに分水嶺に位置している。

[注釈]

* 1 Chesbrough, Henry, *Open innovation : the new imperative for creating and profiting from technology*, Harvard Business School Press, 2003（大前恵一朗訳『OPEN INNOVATION』産業能率大学出版部、2004 年）
* 2 Bower, Joseph & Christensen, Clayton, *Disruptive Technologies: Catching the Wave*, Harvard Business Review 73, no. 1（January - February 1995）
* 3 Jacobs, Jane, *The Death and Life of Great American Cities*, Random House, 1961（黒川紀章訳『アメリカ大都市の死と生』鹿島出版会、1977 年）
* 4 Florida, Richard, *The Rise of the Creative Class, Revisited*（10th Anniversary Edition）, Basic Books, 2012（井口典夫訳『新 クリエイティブ資本論』ダイヤモンド社、2014 年）
* 5 Moretti, Enrico, *The New Geography of Jobs*, Houghton Mifflin Harcourt, 2012（池村千秋訳『年収は「住むところ」で決まる』プレジデント社、2014 年）
* 6 中沢潔「世界第二の起業都市（スタートアップ・シティ）に変貌したニューヨーク」情報処理通信機構『ニューヨークだより』2018 年 1 月、https://www. ipa. go. jp/files/000063898. pdf
* 7 Florida, Richard, *Who's Your City? : How the Creative Economy Is Making Where to Live the Most Important Decision of Your Life*, Basic Books, 2008（井口典雄訳『クリエイティブ都市論』ダイヤモンド社、2009 年）
* 8 藤田昌久・久武昌人「日本とアジアにおける地域経済システムの変容　新しい空間経済学の視点からの分析」経済産業研究所、1998 年、RIETI ディスカッションペーパー #98-DOJ-93
* 9 福岡市「グローバル創業都市・福岡」2015 年
* 10 福岡市スタートアップ支援施設運営委員会ニュースリリース、2017 年 9 月 20 日付
* 11 日本経済新聞電子版「開業率日本一、福岡市長の VB 支援」2017 年 10 月 11 日付
* 12 日本経済新聞「梅田 起業の街に　大阪市・阪急電鉄・関大が相次ぎ支援拠点」2017 年 8 月 1 日付
* 13 日本経済新聞「「五反田バレー」発足　イベントや起業家教育、品川区と連携」2018 年 7 月 31 日付
* 14 日本経済新聞電子版「港区で割安」東京・田町に集う若い企業　IPO 続出」2018 年 4 月 29 日付
* 15 日本経済新聞電子版「東大発の起業「14 年間で 300 社以上」本郷バレー（12）」2018 年 3 月 6 日付
* 16 日本経済新聞電子版「スタートアップ「上場より成長」2018 年 9 月 4 日付

索 引

■英数

B to B ……………………………60
CNF（セルロースナノファイバー）…61
CVC ……………………………213
EMS ……………………………85
Fukuoka Growth Next…149, 209
GFF (Game Factory Fukuoka)…152
GNT 企業 ……………………170
Industry4.0 …………………102
IoT/AI ………………80, 96, 102
JISQ9100 ……………………111
Knowledge Economy City …143
MRJ ……………………………105
MRO ……………………………112
NIH（国立衛生研究所）………19
OEM（相手先ブランド製造）…164
OSAT …………………………87, 103
QCD ……………………………115
SCM（サプライチェーンマネジメント）………………49
SDGs …………………27, 62, 96
Society5.0 …………………96, 202
STEM ……………………………63
TDM（交通需要マネジメント）…49
3つのT ………………………204
6次産業化 ……………………49

■あ

アジアシフト ………………166
アジアメディカルショー …68, 69
アンカー企業 ………87, 93, 177
安全性試験 …………………175

医工連携 ………………………63
医療介護機器 ………………174
医療機器クラスター …161, 163
医療機器製造業者 …………162
インキュベーター ……………92

宇宙ベンチャー ……………110
梅田バレー …………………210

エコシステム
　……………81, 85, 102, 103, 120, 205
エンタープライズ・ゾーン構想…126

大阪市北区 …………………210
オープンイノベーション（拠点）
　………30, 40, 96, 138, 201, 213

■か

開業率 …………………144, 209
科学技術政策 ………………91
隠れたチャンピオン ………170
関連支援産業 ………………51

木桶文化 ……………………12
技術統合 ……………………54
基盤産業 ……………………84
逆6次産業化 ………………52
九州シリコンクラスター計画…90
九州大学/ロバート・ファン/アントレプレナーシップ・センター（QREC）………………145
九州大学起業部 ……………146

グーグル ………………21, 217
クォリティオブライフ ……146
グッドデザイン賞 …………173
クラウド ……………80, 89, 102
クラウドファンディング …26
クラスター政策 …………88, 97
クリエイティブ・クラス……14, 204
クリエイティブ都市 ………142
グローバルサプライヤー …109
グローバル産業クラスター 104
グローバルスタンダード …176
グローバル創業・雇用創出特区
　…………………………148, 209
グローバルパイプライン …74, 91
グローバルバズ ……………74
グロービス経営大学院大学 …19

経済波及効果 ………………127
原発事故 ……………………169

航空機クラスター …………114
構造改革特区 …………133, 137
工程外注 ……………………112
神戸医療クラスター ………133
神戸医療産業都市 …………124
国際共同開発方式 …………108
国際標準化 ………………93, 98
国家戦略特区 …………137, 206
五反田バレー ………………212
コーポレート・アクセラレーター・プログラム ………213
コンバージョン ……………12
コンパクトシティ …………146

■さ

サイバニクス産業 …………56
産業クラスター ………51, 90
産業融合 ……………………96

品川区 ………………………212
渋谷 …………………………217
地元力 ………………………78
集積の外部効果 ……………206
手術トレーニング …………176
シュンペーター …29, 30, 57, 205
生薬 …………………………53
少量多品種生産 ……………162
シリコンアイランド ………17
シリコンクラスター…48, 81, 89, 104
シリコンシーベルト構想 …157
シリコンバレー
　………………15, 22, 64, 154, 205
シルク ………………………173
人材育成プラットフォーム……178
人材交流 ……………………179
新産業都市 …………………181
新成長戦略 …………………181

| 衰退の取引 …………………14
スタートアップ …12, 58, 129, 205
スタンフォード大学 ………155
頭脳立地法 …………………18
スペースX社 ………………116
スマートファクトリー ……96, 102
擦り合わせ型 ………………10
諏訪圏工業メッセ ………68, 69

生産工程間分業 ……………184
全固体電池 …………………62

総合特区制度 ………………181
ソーシャル・ビジネス ……155

■た
大学発ベンチャー …………131
大樹町 ………………………119
ダヴィンチ …………………55
ダブルテンポラリークラスター …74

地域イノベーション ………73
地域イノベーションシステム（RIS）
 ……………………………20, 32
地域科学技術政策 …………94
地域産業政策 ……………94, 102
知識ストック（knowledge stock）…76
知識創造 ……………………72
知的クラスター …90, 96, 135, 157

テクノポリス ……………15, 48
デザイン思考 ………………153
デジタルハリウッド大学 …19
テロワール ………………11, 52
テンポラリークラスター …66, 72
テンポラリークラスター機能 …73

東急グループ ………………216
東京一極集中 ………………208
都市イノベーション・システム …131
特区政策 ……………………138
ドラッグラグ ……………18, 55

■な
内視鏡 ………………………53
ナショナルイノベーションシステム
 （NIS） ……………13, 30, 163
二重構造 ……………………10
ニッチトップクラスター …177
日本橋 ………………………217
ニューヨーク市 ……………205

■は
パーマネントクラスター …66
バイ・ドール法 ……………16
バイオクラスター …………42
破壊的イノベーション ……203
バズ（buzz）………………73
阪神・淡路大震災 …………126

東日本大震災 ………………168
光産業創成大学院大学 ……19
非取引的相互依存関係 ……77
品質保証システム …………165

ファブレス …………………25
ファンドリー …87, 91, 101, 103
フェアリー・フェザー ……25
フェイスブック ……………21
福岡地域戦略推進協議会（Fu-
 kuoka D. C.）………149, 209
福岡市 ………………………209
ふくしまプライド …………161
福島モデル …………………164
部材供給展 …………………168
復興特区 ……………………137
負のロックイン効果 ………208
プラットフォーマー …64, 218
プラットフォーム …………27
ブルーオーシャン …………158
文京区 ………………………212

ヘビーユーザー ……………174
ヘルスケア産業 ……………166
ヘンリー・チェスブロウ …202

ボーイング社 ………………106
ポーター …………………47, 93
ポストクラスター政策 ……95
本郷バレー …………………212

■ま
マリアージュ ………………12
丸の内・大手町 ……………217

三井不動産 …………………216
三菱地所 ……………………216
ミニマルファブ …91, 96, 100, 103
明星和楽 ……………………152
ミラノサローネ ……………25

メガリージョン ……………159
メディカルクリエーションふくしま
 ……………………………69, 167

モジュール化 ………………10

■や
薬事承認 ……………………165
薬事法 ………………………163

ユーザーイノベーション …54, 175
ユニコーン企業 …………15, 64

■ら
ライセンス生産 ……………106

理化学研究所 ………………127
リチャード・フロリダ …159, 204
リンゴクラスター …………52

レア金属 ……………………172
レンタルラボ ………………130

ローカルバズ（local buzz）…74
ロケット発射場 ……………118

■わ
ワインクラスター …………50

索引　221

おわりに

　地方は、研究開発、イノベーション、ベンチャー企業とは無縁な地域なのか。このことを30年以上考えてきた。1980年に打ち出されたテクノポリス構想は、そのネーミングのカッコよさから、地方自治体の首長による通産省への激しい陳情があり、通産省は一時門を閉じたという。

　テクノポリスは、世界的な注目を集めた。本家の日本は、科学技術都市の創出ではなく、工業生産のみをテクノポリス計画の成果指標とした。しかも1980年代から1990年代にかけて、脱工業化、工場の海外展開、工場内での機械化やロボットの導入、バブル崩壊によって、ほとんどの指定地域で出荷額、工場労働者などの生産指数は減少した。

　テクノポリスに代わる地域振興モデルを求めて、シリコンバレー、スタンフォード大学、ルート128、北京中関村、深圳、シンガポール大学、ケンブリッジ大学サイエンスパーク、フランス・ニースのソフィアンティポリスなど、世界のハイテク地域を視察してきたものの、日本の地方振興に直接応用できるアイデアや視点はほとんど得られなかった。それは、NISに差異があったからである。地域という「部分」だけを切り取って移植（クローニング）しても意味はない。

　大企業と中小企業の階層的格差（二重構造）、大企業のみを対象とした国の研究開発組合、ベンチャー企業ではなく、大企業の内部で実現されてきた日本の「産業構造転換」、東大・京大を頂点とした階層的な学術研究体制、本社都市東京と支店都市との階層的都市システム。これまでは、地方単独で頑張ってもどうしようもない「強固な岩盤」が存在していたのである。

　本書の各章で論じられているように、その「強固な岩盤」は、外部からも内部からもゆるやかに崩れ始めている。本書が日本の新しいNIS、RISを考えるきっかけとなることを祈っている。

執筆者を代表して
山﨑 朗

編著者略歴

【編著】

山﨑 朗（やまさきあきら）（担当：はじめに、1、3章、おわりに）
1957年生まれ。中央大学経済学部教授。1981年京都大学工学部卒業、1986年九州大学大学院経済学研究科博士課程修了。博士（経済学）。フェリス女学院大学講師、滋賀大学助教授、九州大学教授を歴任。主な著書に『日本の国土計画と地域開発』（単著）『地域創生のデザイン』（編著）『東京飛ばしの地方創生』（共著）『地域創生のプレミアム戦略』（共編）。経済産業省の産業クラスターや文部科学省の都市エリア、知的クラスターに関する各種委員、JST 地域科学技術クラスター連携群・主監などを歴任

【著】

戸田 順一郎（とだじゅんいちろう）（担当：2章）
1974年生まれ。佐賀大学経済学部准教授。2003年九州大学大学院経済学府産業・企業システム専攻博士後期課程単位取得退学。2004年同課程修了。博士（経済学）。九州大学大学院経済学研究院学術特定研究員、九州大学ベンチャービジネスラボラトリー講師を経て、2006年より現職。主な論文に「医薬品産業における近年の環境変化と生産体制の変容」『産業学会研究年報』第30号（2015年）

北嶋 守（きたじまもる）（担当：4章）
1959年生まれ。(一財) 機械振興協会経済研究所次長兼調査研究部長。駒澤大学大学院人文科学研究科博士後期課程単位取得満期退学。同研究所研究員などを経て現職。駒澤大学大学院経済学研究科非常勤講師兼任。学術博士（東京大学）。主な論文に「医療機器クラスターを軸にした中小企業の新事業展開」『機械経済研究』第46号（2015年）、「医療機器クラスター形成と中小企業の製品開発」『産業学会研究年報』第32号（2017年）

岡野 秀之（おかのひでゆき）（担当：5章）
1973年生まれ。(公財) 九州経済調査協会事業開発部長兼BIZCOLI館長。九州大学大学院比較社会文化研究科修了。同協会調査研究部主任研究員、総務企画部次長、調査研究部長などを経て現職。2014〜2016年版九州経済白書の総論を担当。専門は、地域経済論、産業配置論、地域政策論。主な著書に『半導体クラスターのイノベーション〜日中韓台の競争と連携』『シリコンアイランドの革新者たち』

山本 匡毅（やまもとまさき）（担当：6章）
1976年生まれ。相模女子大学人間社会学部准教授。中央大学大学院経済学研究科博士後期課程修了。ひょうご震災記念21世紀研究機構、福岡アジア都市研究所、機械振興協会経済研究所、山形大学を経て現職。主な著書に「人口減少時代の地域問題」『地域政策』「中部圏における航空宇宙産業クラスターの創出」『地域創生のデザイン』（ともに共著）

加藤 恵正（かとうよしまさ）（担当：7章）
1952年生まれ。兵庫県立大学大学院減災復興政策研究科教授。慶應義塾大学経済学部卒業、神戸商科大学（現 兵庫県立大学）大学院博士後期課程単位取得。博士（経済学）。神戸商科大学商経学部講師・助教授、兵庫県立大学経営学部教授・政策科学研究所長を歴任。2017年4月より現職。主な著書に『復興特区の現在とその可能性』『災害に立ち向かう人づくり－減災社会構築と被災地復興の礎－』（共著）『都市を動かす－地域・産業を縛る「負のロック・イン」からの脱却－』（編著）、主な論文に「動き始めた都心－知識創造とイノベーションの拠点へ一」『都市政策』171号（2018年）

谷川 徹（たにがわとおる）（担当：8章）
1949年生まれ。e.lab（イーラボ）代表。京都大学法学部卒業後、日本開発銀行（現日本政策投資銀行）に27年間勤務。スタンフォード大学客員研究員を経て、2003年九州大学教授就任。産学連携組織（知的財産本部）、アントレプレナーシップ教育組織（QREC）の創設、運営を担う。同大の文部科学省 EDGE プログラム総括を経て2017年九州大学を退職。同年 e.lab 創設、現在に至る。主な著書に『Academic Entrepreneurship in Asia』『Making IT』（ともに共著）、主な論文に「米国における地域イノベーションの真髄」『日経研月報』（2002〜2003年）

石橋 毅（いしばしつよし）（担当：9章）
1969年生まれ。(公財) 医療機器センター附属医療機器産業研究所客員研究員、福島県商工労働部医療関連産業集積推進室専門薬剤技師。明治薬科大学大学院薬学研究科修了（薬学修士）。薬剤師。1994年福島県職員採用。薬事許認可業務を経て、2006年ふくしま医療産業集積プロジェクト初代担当、現在に至る。主な著書に「医療機器産業集積による福島復興」『地域創生のデザイン』（共著）

根岸 裕孝（ねぎしひろたか）（担当：10章）
1966年生まれ。宮崎大学地域資源創成学部教授。九州大学大学院経済学府博士後期課程単位取得退学。博士（経済学）。1992年㈶日本立地センター研究員、2001年宮崎大学教育文化学部講師、助教授、准教授、2016年同大学地域資源創成学部へ配置換を経て2018年現職。主な著書に『戦後日本の産業立地政策－開発思想の変遷と政策決定のメカニズム－』『中小企業と地域づくり－社会経済構造転換のなかで－』（ともに単著）

辻田 昌弘（つじたまさひろ）（担当：11章）
1958年生まれ。三井不動産㈱企画調査部上席主幹。一橋大学法学部卒業。慶應義塾大学修士課程修了（政策・メディア）。三井不動産㈱入社後、経団連21世紀政策研究所研究主幹、三井不動産 S&E 総合研究所長、東京大学公共政策大学院特任教授を経て、2018年より現職。主な著書に『マーケティング革新の時代③ブランド戦略』『活活な人々　こころゆたかに地域活性化』『地域創生のプレミアム戦略』（すべて共著）

地域産業のイノベーションシステム
集積と連携が生む都市の経済

2019年2月10日　第1版第1刷発行

編著者	山﨑 朗
著　者	戸田順一郎、北嶋 守、岡野秀之
	山本匡毅、加藤恵之、谷川 徹
	石橋 毅、根岸裕孝、辻田昌弘
発行者	前田裕資
発行所	株式会社学芸出版社
	京都市下京区木津屋橋通西洞院東入
	電話 075-343-0811　〒600-8216
	http://www.gakugei-pub.jp/
	info@gakugei-pub.jp
装　丁	KOTO DESIGN Inc. 山本剛史
印　刷	イチダ写真製版
製　本	新生製本

Ⓒ山﨑 朗ほか　2019　　　　　　　　　　　Printed in Japan
ISBN 978-4-7615-2696-2

JCOPY 〈㈳出版者著作権管理機構委託出版物〉
本書の無断複写（電子化を含む）は著作権法上での例外を除き禁じられています。複写される場合は、そのつど事前に、㈳出版者著作権管理機構（電話03-5244-5088、FAX 03-5244-5089、e-mail: info@jcopy. or. jp）の許諾を得てください。
また本書を代行業者等の第三者に依頼してスキャンやデジタル化することは、たとえ個人や家庭内での利用でも著作権法違反です。